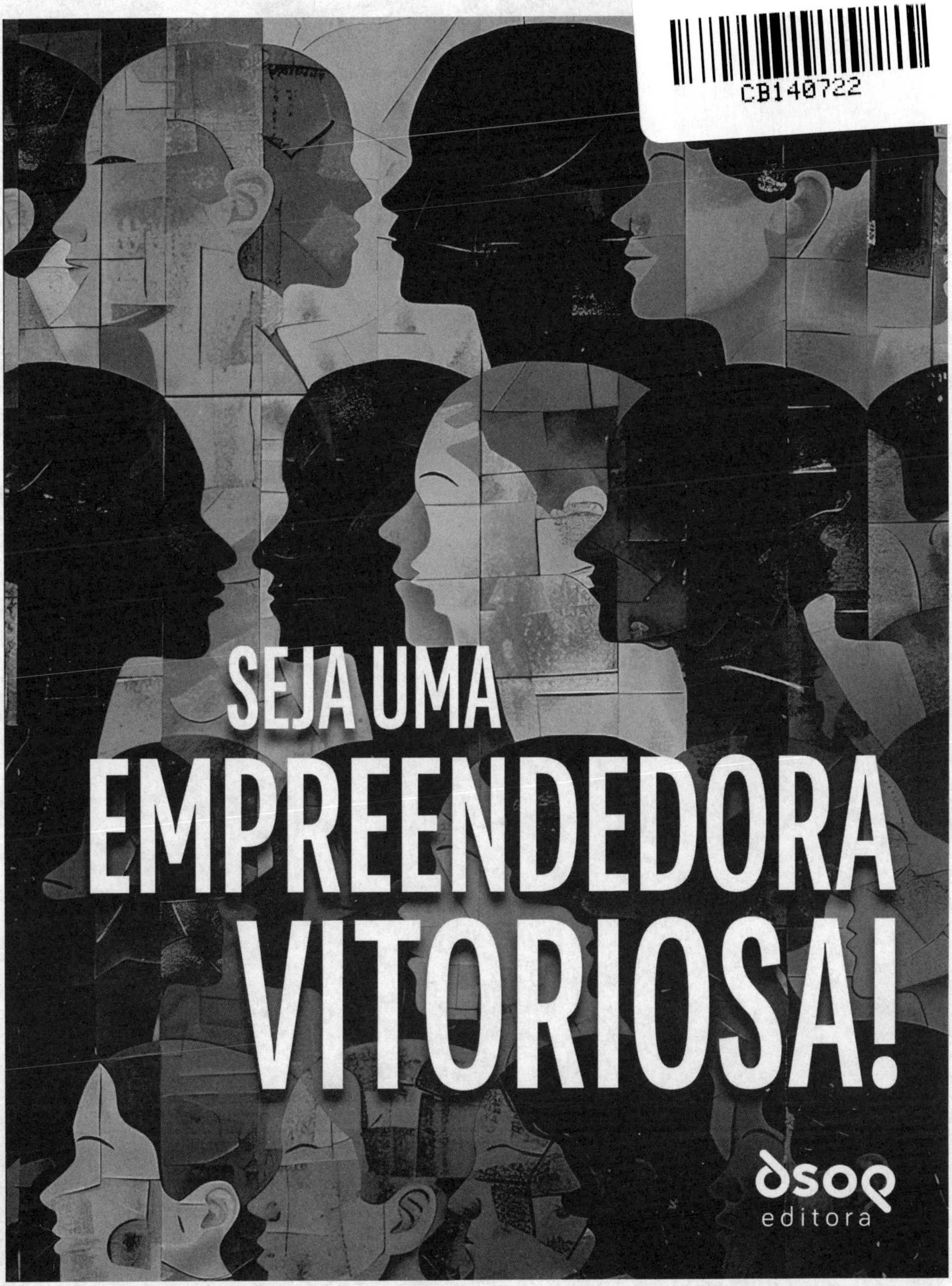
SEJA UMA
EMPREENDEDORA
VITORIOSA!
dsop
editora

SEJA UMA EMPREENDEDORA VITORIOSA!

dsop
editora

Presidente PhD Reinaldo Domingos
Autoras Andreia Gomes Feitosa
Elizabeth Lima
Emanuela Rocha Mota
Fernanda Cristina Cardoso Dias Ferreira
Juliana Costa
Karine Rosangela Lindner
Maria de Fátima Neves Duda
Valéria Carmanini
Coordenador editorial Guilherme Correa
Editora de texto Catarina Arimatéia
Editora de arte Marisa Corazza
Revisora Denise Alonso
Organizador da obra mentor PhD Reinaldo Domingos

Dados Internacionais de Catalogação na Publicação (CIP)
(Câmara Brasileira do Livro, SP, Brasil)

Seja uma empreendedora vitoriosa! / [organização Reinaldo Domingos]. -- São Paulo : Editora DSOP, 2025.

Várias autoras.
ISBN 978-85-8276-686-6

1. Educação financeira 2. Empreendedorismo 3. Mulheres empresárias 4. Mulheres - Finanças pessoais 5. Mulheres - Relatos I. Domingos, Reinaldo. 5. Mulheres - Relatos I. Domingos, Reinaldo.

25-253214 CDD-658

Índices para catálogo sistemático:

1. Empreendedoras : Sucesso em negócios : Administração de empresas 658

Eliete Marques da Silva - Bibliotecária - CRB-8/9380

dsop editora

Rua Alba, 88 - Parque Jabaquara
São Paulo - SP - CEP: 04346-000
www.editoradsop.com.br - www.dsop.com.br

Imagem de capa FREEP

"A educação do comportamento financeiro é a ferramenta mais poderosa que existe para transformar vidas."

Reinaldo Domingos

O PODER EM SUAS MÃOS

"A vida é sonho", já dizia o dramaturgo e poeta espanhol Pedro Calderón de la Barca, lá pelos anos 1600... Ele estava certo. A vida é feita de sonhos e conquistas, desejos e realizações, diferentes necessidades ao longo de nossa jornada e, claro, como fazer para que sejam supridas – o que nem sempre é fácil, não é mesmo? Mas qual caminho devemos percorrer para que tudo o que desejamos se torne realidade? Não há fórmulas mágicas ou engessadas, já que cada história tem características próprias, mas posso dizer, sem nenhuma dúvida, de que a educação do comportamento financeiro é a ferramenta mais poderosa que existe para transformar vidas. E, nesse caso, sim, temos caminhos e metodologias para isso.

E é exatamente esta a proposta do projeto Meu Primeiro Livro, da Associação Brasileira de Profissionais de Educação Financeira (ABEFIN), em parceria com a Editora DSOP: transformar sonhos em realidade por meio da educação financeira. Um projeto que acompanho de perto e tem todo o meu carinho, porque sei o quanto é importante – e prazeroso – compartilhar experiências e conhecimentos em benefício de toda uma sociedade. Assim como fizeram as autoras deste livro, *Seja uma Empreendedora Vitoriosa!*, nossas queridas Andreia, Elizabeth, Emanuela, Fernanda, Juliana, Karine, Fátima e Valéria. Todas empreendedoras vitoriosas! Parabéns a elas, que tão bem souberam transformar suas vidas por meio do empreendedorismo e da educação financeira.

Meu Primeiro Livro nasceu em 2018, com a publicação de *Independência financeira ao alcance das mãos*, em que diferentes autores compartilharam suas vivências e relataram como conquistaram seus objetivos. A seguir, foram lançados: *Trabalhadores não precisam ser pobres*; *Você: o investimento com retorno garantido*; e *De pais para filhos – Como realizar sonhos em família*. Como PhD em Educação Financeira, fico mais uma vez orgulhoso de um dia ter dado início a essa importante missão.

Ao longo dos anos, foram mais de 50 novos autores envolvidos em nosso projeto. Os temas tão diversos – e ao mesmo tempo tão próximos de nós – refletem nossa missão de disseminar os conhecimentos da educação do comportamento financeiro para que todos se tornem financeiramente conscientes e independentes. Afinal, como nossos antepassados já diziam, dinheiro não aceita desaforo, é preciso saber lidar com ele.

A partir deste momento, o poder e o conhecimento estão em suas mãos. Convido você a mergulhar no universo desta magnífica obra *Seja uma empreendedora vitoriosa!*. Basta virar a página e iniciar a leitura para começar a triunfar no mundo do empreendedorismo.

Um abraço carinhoso,

Reinaldo Domingos

Reinaldo Domingos é PhD pela Florida Christian University, com teses sobre Educação Financeira e Educação Empreendedora embasadas na **Metodologia DSOP** (Diagnosticar, Sonhar, Orçar e Poupar) e no Método EMVI (Empreender Vitorioso). É presidente da Associação Brasileira de Profissionais de Educação Financeira – ABEFIN.

Educador e terapeuta financeiro, é autor com mais de 10 milhões de livros vendidos sobre o tema Educação Financeira, que contemplam o *long-seller Terapia financeira* e os livros *Por que enfrentamos crises e não estamos preparados?*; *Nome sujo pode ser a solução*; *Empreender vitorioso com sonhos e lucro em primeiro lugar*; *Mesada não é só dinheiro*; *Eu mereço ter dinheiro*; *The dreams*; *Ter dinheiro não tem segredo*, *Meu pet cabe no meu bolso*; *O menino, o dinheiro e a formigarra*.

Publicou diversos livros voltados para os públicos adulto, juvenil e infantil, entre eles coleções didáticas e paradidáticas sobre Educação Financeira, academicamente comprovadas para o Ensino Básico e adotadas por diversas escolas públicas e privadas. É autor das obras *O Diário dos Sonhos* e *O Menino, o Dinheiro e a Formigarra*, respectivamente aprovadas no PNLD (Programa Nacional do Livro Didático) 2022 e 2026, e coautor de *Juventude plural – Projeto de vida*, aprovada pelo PNLD 2021 para o Novo Ensino Médio. Reinaldo também criou as primeiras graduação e pós-graduação, e os primeiros mestrado e doutorado em Educação Financeira do Brasil.

É criador da primeira franquia de Educação do Comportamento Financeiro do país. E idealizou a DFLIX (www.dflix.com.br), plataforma *streaming* pioneira no segmento da Educação Financeira no Brasil, aliando entretenimento e ensino em um ambiente repleto de séries de vídeos para todos os públicos. Em seu canal do YouTube, *Dinheiro à vista*, Reinaldo Domingos fala sobre o tema semanalmente.

CONHECIMENTO É ALICERCE

O empreendedorismo feminino nunca esteve tão em evidência. Cada vez mais, mulheres estão conquistando espaço no mundo dos negócios, abandonando o estereótipo que compunha os versos da famosa canção *Ai que saudades da Amélia!*, de Ataulfo Alves e Mário Lago, que dizia "Amélia não tinha a menor vaidade, Amélia é que era a mulher de verdade", transformando desafios em oportunidades e construindo trajetórias inspiradoras. As mulheres estão deixando sua marca na estrada da vida.

Ser mãe, esposa, filha e profissional exige mais do que imaginamos. Precisamos de dedicação, planejamento e, acima de tudo, confiança no próprio potencial. É fácil? Não! É possível? Sim!

Por vezes, o caminho é incerto, mas a mulher possui uma bússola natural e, mesmo que aquela rota não seja a ideal para o momento, tem o poder de se adaptar a ela e buscar solução, desistir nunca será opção. Escolhas sempre precisarão ser feitas, às vezes não da maneira que imaginávamos, mas será o que necessitamos fazer.

Este livro é um convite para que você se permita sonhar alto e agir com determinação. Aqui, encontramos histórias de mulheres que superaram obstáculos, desafiaram padrões e alcançaram êxito por meio do conhecimento e da gestão estratégica de seus recursos. Umas desde cedo, outras no meio do caminho. O importante é saber o momento certo para dar o primeiro passo.

Mais do que narrativas inspiradoras, este é um guia prático para que você possa aplicar princípios essenciais da educação do comportamento financeiro, da inovação e da resiliência em sua própria caminhada.

Ser empreendedora vitoriosa significa compreender que os desafios fazem parte do processo, mas que, com as ferramentas certas, é possível transformar dificuldades em crescimento. O conhecimento compartilhado nestas páginas é um verdadeiro alicerce para que você estruture sua vida profissional de maneira próspera e sustentável.

Espero que cada capítulo traga inspiração e ideias valiosas, incentivando-a a dar passos firmes rumo à sua independência financeira. Que este livro seja um marco na sua jornada. Lembre-se: um dia a mais é um dia a menos para realizar sonhos. Acredite em seu potencial, invista em seu conhecimento e siga em frente.

Como participante da primeira turma de graduação em Educação Financeira pela **Metodologia DSOP**, levo dessa leitura um pouco de cada uma das autoras. Andreia, Elizabeth, Emanuela, Fernanda, Juliana, Karine, Maria de Fátima e Valéria: o mundo precisa de mais mulheres empreendedoras e vitoriosas como vocês!

Boa leitura!

Rita Ramos

Assessora Executiva da ABEFIN e da DSOP

SUMÁRIO

Educadora e Terapeuta Financeira DSOP, **Andreia Gomes Feitosa** é presidente da Associação Brasileira dos Profissionais de Educação Financeira (ABEFIN) - Tocantins, diretora de controle social do Observatório Social de Palmas (TO) e diretora de captação de recursos do Comitê ABEFIN Mulher.

Andreia também é palestrante, economista com MBA em Planejamento e Gestão Estratégica de Projetos e Metodologias Ágeis e em Comunicação e *Marketing*, além de ser pós-graduanda em Gestão de Investimentos e Educação Financeira. É mestre em Gestão de Políticas Públicas pela Universidade Federal do Tocantins (UFT). Sua formação inclui *coaching*, PNL e Análise Transacional.

Atua há mais de 23 anos no serviço público do Governo do Estado do Tocantins, na Secretaria da Fazenda do Estado, Escola de Gestão Fazendária (Egefaz). Atualmente, coordena o Grupo Estadual de Educação Fiscal – GEEF. Também trabalha com projetos focados em Educação Financeira, Educação a Distância e Gestão do Conhecimento. É coautora do livro: *Você - Investimento com retorno garantido.*

Andreia Gomes Feitosa

MULHERES NO CONTROLE *na era digital*

Na era digital, competências financeiras inovadoras são fundamentais para o sucesso das mulheres. Dominar tecnologias como criptomoedas, carteiras digitais e mercados virtuais tornou-se essencial para as mulheres empreendedoras. Ferramentas de Inteligência Artificial (IA), como plataformas de análise preditiva e inteligência de mercado, ampliam as possibilidades de acesso ao capital e sua gestão, fortalecendo a posição das mulheres no mercado. A IA pode ajudar a desenvolver essas competências, fornecendo orientações claras sobre como usar essas tecnologias de maneira estratégica e eficiente.

A rápida digitalização do mercado financeiro trouxe novos desafios e oportunidades. As mulheres que dominam tecnologias emergentes como criptomoedas e mercados virtuais estão melhor posicionadas para aproveitar essas mudanças e criar negócios mais resilientes e lucrativos.

No cenário global atual, o protagonismo feminino no mundo dos negócios é mais do que uma tendência — é uma realidade. Mulheres rompem barreiras e se destacam como líderes e inovadoras, mas a gestão financeira ainda é um dos maiores desafios para a sustentabilidade de seus negócios.

O empoderamento financeiro vai além do controle das finanças; trata-se de adquirir conhecimento, confiança e autonomia para decisões estratégicas. Essa habilidade transforma ideias inovadoras em empreendimentos lucrativos e resilientes.

Um exemplo disso é o caso da servidora pública Aliane Feitosa, de Palmas (TO), que diante de dificuldades financeiras decidiu transformar sua paixão por culinária em um negócio. No início, enfrentou desafios com precificação, custos e administração do dinheiro, comuns a muitas empreendedoras.

Histórias como essa mostram que a gestão financeira é um fator decisivo para o sucesso. Neste tópico, exploraremos como o empoderamento financeiro pode transformar sonhos em negócios sustentáveis, apresentando casos reais e estratégias práticas para alcançá-lo, como aconteceu com Aliane.

Historicamente, as mulheres tiveram menos acesso à educação financeira, às redes de apoio e aos recursos para empreender. Apesar dos avanços, ainda há desafios que dificultam o crescimento de seus negócios, especialmente a falta de conhecimento em gestão financeira.

Aliane, por exemplo, sabia que precisava controlar gastos e investir no crescimento de sua empresa, mas sem planejamento gastou parte do lucro inicial em despesas pessoais, comprometendo o capital de giro. Esse cenário é comum entre muitas empreendedoras que iniciam seus negócios sem uma base financeira estruturada.

Além disso, o acesso ao crédito ainda é um obstáculo. Bancos frequentemente exigem garantias que muitas mulheres não possuem, limitando suas oportunidades de expansão. Essa desigualdade no acesso a recursos reforça a necessidade de empoderamento financeiro, garantindo que mais empreendedoras tenham ferramentas para crescer e inovar.

ESTRATÉGIAS PRÁTICAS PARA O EMPODERAMENTO FINANCEIRO

A IA tem revolucionado a gestão de negócios, tornando processos mais eficientes e acessíveis. Antes restrita a grandes empresas, agora auxilia empreendedoras em finanças, automação e planejamento estratégico.

Muitas mulheres empreendem sem um conhecimento financeiro estruturado, o que pode comprometer a sustentabilidade do negócio. A IA pode ajudar nesse processo com perguntas simples como "O que é fluxo de caixa e como ele afeta meu negócio?", oferecendo explicações claras e aplicáveis ao dia a dia. A IA também pode sugerir projeções financeiras, estratégias para captação de recursos e formas de reinvestir os lucros, garantindo um crescimento sustentável.

Redes de apoio e mentorias também fazem toda a diferença. Aliane

Feitosa se uniu a um grupo de empreendedoras e descobriu uma plataforma de microcrédito voltada para mulheres. A IA pode indicar essas oportunidades ao responder "Quais programas de financiamento estão disponíveis para empreendedoras?"

Já ferramentas como QuickBooks e Conta Azul auxiliam na gestão financeira, reduzindo erros e otimizando o fluxo de caixa. A IA pode recomendar ferramentas gratuitas e adaptadas à realidade de um negócio. E pode ajudar simulando cenários e sugerindo estratégias de comunicação eficazes para justificar aumentos.

Dificuldades financeiras fazem parte da jornada empreendedora, mas podem ser enfrentadas com estratégia. A Inteligência Artificial pode oferecer sugestões práticas ao responder perguntas como "Como negociar prazos com fornecedores em momentos de crise?", ajudando na manutenção do equilíbrio financeiro.

A IA não substitui a tomada de decisão da empreendedora, mas pode ser uma aliada poderosa na construção de negócios mais estruturados e resilientes.

TRANSFORMANDO SONHOS EM REALIDADES SUSTENTÁVEIS

O empoderamento financeiro permite que mulheres transformem sonhos em negócios lucrativos e sustentáveis. Ele fortalece a resiliência empreendedora, impulsionando a economia, gerando empregos e promovendo inovação. Com o apoio da IA, esse processo se torna mais acessível, fornecendo suporte prático para cada etapa da jornada empreendedora.

Assim como Aliane, muitas mulheres podem prosperar ao aliar tecnologia, planejamento financeiro e resiliência. No caso de Aliane, sua pequena cozinha se tornou um negócio lucrativo. Hoje, ela tem um espaço próprio e planeja abrir uma cafeteria. Sua trajetória mostra que o empoderamento financeiro também é um agente de transformação.

A autonomia financeira fortalece mulheres, famílias e comunidades, promovendo o crescimento coletivo. Em um cenário de ascensão do empreendedorismo feminino, o acesso a ferramentas para uma gestão financeira eficiente é essencial. Quando uma mulher cresce, toda a sociedade avança.

Com o crescimento do empreendedorismo feminino, a gestão financeira vai além de números e planilhas. Para muitas mulheres, administrar finanças é um exercício de alinhar decisões aos seus valores e objetivos, criando negócios sustentáveis e impactantes. Mais do que uma ferramenta prática, a gestão financeira com propósito é essencial para alcançar segurança, liberdade e equilíbrio entre vida pessoal e profissional.

Suzana Borges, de Teresina (PI), analista de sistemas e dona de uma confeitaria, emprega mães solteiras de sua comunidade. Para ela, controlar despesas não é apenas ter lucro, mas garantir oportunidades para outras mulheres. Isso exige planejamento cuidadoso, reserva de emergência para períodos de baixa demanda e estratégias para escalar o negócio sem comprometer seus valores.

Muitas empreendedoras buscam não apenas sucesso financeiro, mas impacto positivo. Essa abordagem exige uma gestão financeira consciente e alinhada a objetivos de longo prazo, garantindo sustentabilidade e crescimento sem perder de vista o propósito do negócio.

PASSOS ESSENCIAIS PARA A GESTÃO FINANCEIRA COM PROPÓSITO

A Inteligência Artificial tem se tornado uma grande aliada para que mulheres empreendedoras mantenham o controle financeiro de seus negócios. A seguir, apresentamos práticas indispensáveis para uma gestão financeira eficiente e como a IA pode auxiliar em cada etapa.

1. Definição de metas financeiras claras

Estabelecer objetivos específicos é essencial para o crescimento do negócio. A IA pode auxiliar sugerindo metodologias como SMART, garantindo metas práticas e realistas. Perguntas do tipo "Como definir metas financeiras para meu negócio?" ajudam a estruturar um planejamento eficiente.

2. Planejamento de fluxo de caixa

Manter as finanças organizadas evita surpresas financeiras. A IA pode sugerir estratégias para acompanhar as finanças, priorizar pagamentos e criar reservas financeiras, respondendo a perguntas como "Como planejar minhas receitas e despesas para os próximos três meses?".

3. Análise de indicadores financeiros

Acompanhar métricas como margem de lucro, ticket médio e ROI (Retorno sobre Investimento) é essencial. A IA pode calcular esses indicadores automaticamente e sugerir melhorias estratégicas, ajudando a empreendedora a otimizar seus resultados financeiros.

4. Criação de uma reserva de emergência

Uma reserva financeira garante estabilidade em tempos de crise. Por exemplo, Nely Mariza, de Santos (SP), dona de uma loja de materiais esportivos, conseguiu superar os impactos da pandemia graças a uma reserva que acumulou ao longo de dois anos. A IA pode ajudar a estruturar um plano de poupança gradual e otimizar despesas, respondendo a perguntas como "Como criar uma reserva de emergência sem comprometer meu orçamento?".

5. Planejamento de investimentos

Investir com clareza é essencial para o crescimento sustentável. Para empreendedoras que precisam capacitar sua equipe, a IA pode sugerir estratégias financeiras e programas de capacitação gratuitos ao perguntar "Como investir na equipe sem comprometer o fluxo de caixa?".

6. Entender a saúde financeira do negócio

Muitos negócios falham por falta de acompanhamento financeiro. A IA pode interpretar relatórios financeiros e indicar métricas essenciais, respondendo a dúvidas como "Quais indicadores devo monitorar para avaliar a saúde do meu negócio?".

7. Definição de metas alinhadas a valores

Para empreendedoras que priorizam impacto social, como Zildimar Alves, de Brasília (DF), que dirige uma marca de cosméticos naturais, a IA pode sugerir metas financeiras alinhadas à sustentabilidade e ao propósito do negócio.

8. Tomada de decisões estratégicas

Em momentos de dúvida, a IA pode simular cenários e apresentar prós e contras. Perguntas como "Devo reinvestir meu lucro em *marketing* ou reservar para emergências?" ajudam a empreendedora a tomar decisões informadas.

9. Resolução de desafios financeiros em tempo real

Diante de crises, a IA pode indicar soluções ágeis, como promoções sazonais ou renegociação de prazos, auxiliando empreendedoras como Mara Neres, do Rio de Janeiro (RJ), ao perguntar "Minhas vendas caíram este mês. Como recuperar meu fluxo de caixa rapidamente?".

SUPERANDO DESAFIOS ECONÔMICOS COM CONTROLE E PROPÓSITO

A realidade econômica pode ser desafiadora, especialmente para mulheres que enfrentam barreiras no acesso a crédito e recursos. No entanto, a IA surge como uma ferramenta poderosa para auxiliar na tomada de decisões financeiras mais planejadas e alinhadas ao propósito de cada negócio. Seja criando uma reserva de emergência, planejando investimentos ou superando crises, a IA atua como uma parceira estratégica, proporcionando maior previsibilidade e segurança financeira.

Além disso, redes de apoio, mentorias e programas de capacitação são fundamentais para ampliar o acesso ao conhecimento e às oportunidades financeiras. Organizações que incentivam a inclusão financeira feminina desempenham um papel essencial nesse processo.

Mais do que uma ferramenta administrativa, a gestão financeira com propósito é um caminho para a segurança e a autonomia. Quando uma mulher assume o controle de suas finanças, ela fortalece seu negócio e inspira outras a fazerem o mesmo.

Ao equilibrar receitas e despesas, planejar investimentos e criar reservas, as empreendedoras não apenas constroem negócios sustentáveis, mas também moldam um futuro em que ocupam espaços de liderança e promovem mudanças positivas na sociedade. Para as mulheres citadas — e tantas outras — a gestão financeira não é apenas um diferencial, mas a base que as mantém no controle, mesmo diante de desafios econômicos.

Construir uma fortaleza financeira vai além do lucro. Significa criar um negócio sustentável, resistente a crises e alinhado aos valores da empreendedora. Para isso, é essencial planejamento estratégico, monitoramento contínuo das finanças e decisões baseadas em dados.

COMO A IA PODE AJUDAR NA CONSTRUÇÃO DE NEGÓCIOS RESILIENTES

A construção de um negócio resiliente exige planejamento, análise de riscos e tomada de decisões estratégicas. A Inteligência Artificial pode ser uma aliada essencial nesse processo, ajudando empreendedoras a estruturar suas finanças, automatizar processos e otimizar investimentos. Veja como:

1. No planejamento estrutural do negócio

Antes de qualquer expansão, um plano financeiro sólido é essencial. A IA pode auxiliar na criação de orçamentos, projeções de receitas e mapeamento de despesas, respondendo a perguntas como "Como estruturar um plano financeiro inicial para meu negócio?".

2. Na análise de riscos e prevenção

Os negócios enfrentam desafios inesperados. Perguntas como "Quais riscos financeiros meu negócio pode enfrentar e como me preparar para eles?" permitem que a IA ajude a identificar vulnerabilidades e sugerir estratégias como reservas emergenciais ou seguros empresariais.

3. No monitoramento contínuo da saúde financeira

A IA pode acompanhar indicadores-chave como fluxo de caixa, margem de lucro e endividamento, oferecendo *insights* sobre sustentabilidade financeira. Perguntas como "Quais métricas devo monitorar para garantir a viabilidade do meu negócio?" ajudam a manter o controle das finanças.

4. Em investimentos estratégicos

Tomar decisões sobre investimentos pode ser desafiador. Perguntas como "Devo investir em *marketing* digital ou em novos equipamentos neste trimestre?" permitem que a IA analise os objetivos e o contexto da empresa para sugerir a melhor estratégia.

5. Na indicação de ferramentas de automação e eficiência

Automação financeira reduz erros e economiza tempo. A IA pode indicar softwares de gestão de fluxo de caixa, como QuickBooks e Conta Azul, respondendo a perguntas como "Qual ferramenta é mais eficiente para gerenciar as finanças da minha empresa?".

6. No cálculo de preços e margem de lucro

Definir preços corretamente impacta diretamente a rentabilidade. A IA pode auxiliar no cálculo de custos diretos e indiretos e na definição de margem de lucro, respondendo a dúvidas como "Como precificar meus produtos e garantir um lucro saudável?".

7. Na inspiração e na liderança feminina

Empreendedoras podem impulsionar outras mulheres ao compartilhar conhecimento e experiência. Perguntas como "Como inspirar outras mulheres a empreenderem e gerirem melhor suas finanças?" levam a sugestões como mentorias, redes de apoio e conteúdos educativos.

8. Na gestão de crédito consciente

O crédito pode ser um aliado estratégico se utilizado com responsabilidade. A IA pode analisar taxas de juros, prazos e impactos no fluxo de caixa, ajudando a responder "Devo pegar um empréstimo para expandir meu negócio?" e oferecendo *insights* sobre as melhores opções de financiamento.

IA E FINANÇAS INTELIGENTES NA JORNADA EMPREENDEDORA

A organização financeira é essencial para a sustentabilidade do negócio. Perguntas como "Como organizar as finanças do meu negócio de maneira simples e eficiente?" permitem que a IA ofereça orientações sobre categorização de despesas, uso de planilhas ou aplicativos de controle financeiro.

Tomar crédito sem planejamento pode comprometer o negócio. A IA pode responder a dúvidas como "Vale a pena pegar um empréstimo para comprar novos equipamentos agora?", analisando custo-benefício e sugerindo alternativas como aluguel ou parcelamento.

Decidir como aplicar os lucros também pode ser desafiador. A IA pode oferecer *insights* para perguntas como "Devo investir em *marketing* ou em novos produtos neste trimestre?", ajudando a empreendedora a priorizar investimentos com maior retorno.

Para o êxito do empreendimento, monitorar indicadores financeiros, como receitas, despesas e endividamento, é fundamental. Perguntar "quais indicadores financeiros devo acompanhar para garantir o crescimento do meu negócio?" permite que a IA forneça cálculos e interpretações personalizadas.

Mais: perguntas como "Qual aplicativo de controle financeiro é ideal para pequenos negócios?" geram sugestões de plataformas gratuitas e eficientes para facilitar a gestão financeira.

O PAPEL DO LUCRO NO EMPREENDEDORISMO FEMININO

Para muitas mulheres, o lucro vai além do retorno financeiro: ele representa independência, segurança e impacto positivo. Adriana Feitosa, de Sarandi (PR), dona de uma fábrica de cosméticos naturais, vê o lucro não apenas como expansão, mas como uma oportunidade de investir em práticas sustentáveis, melhorar as condições de seus funcionários e fortalecer sua comunidade.

Assim como Adriana, milhares de empreendedoras buscam aliar propósito e rentabilidade. No entanto, essa combinação exige planejamento e gestão eficiente. É aqui que a IA se torna uma ferramenta valiosa, ajudando mulheres a estruturar negócios lucrativos sem perder seus valores pessoais.

A seguir, como a IA pode ajudar mulheres a lucrar e transformar negócios:

1. Na criação de estratégias lucrativas

A IA pode ajudar empreendedoras a identificar oportunidades de crescimento sem comprometer seus princípios. Perguntas como "Como aumentar o lucro do meu negócio sem comprometer meus valores?" geram *insights* sobre otimização de processos, diversificação de produtos e estratégias de precificação baseadas em valor.

2. No planejamento de expansão com propósito

Para crescer de forma sustentável, a IA pode oferecer diretrizes estratégicas. Perguntas como "Quais os primeiros passos para expandir meu negócio sem perder sua essência?" ajudam a analisar o mercado, identificar oportunidades e garantir que a expansão esteja alinhada aos valores da empreendedora.

3. Na gestão eficiente de custos

Reduzir despesas sem afetar a qualidade do produto ou serviço é um desafio. A IA pode responder a perguntas como "Como reduzir custos operacionais sem comprometer meu produto?", sugerindo renegociações com fornecedores, automação de processos e otimização de recursos.

4. No alinhamento entre lucro e impacto social

Empreendedoras que buscam equilibrar crescimento financeiro e impacto social podem contar com a IA para desenvolver modelos de negócios sustentáveis. Perguntas como "Como equilibrar o crescimento do meu negócio com iniciativas sociais?" geram sugestões como certificações sustentáveis, parcerias com ONGs e campanhas de *marketing* com propósito.

5. Em ferramentas e indicadores para medir o lucro

Monitorar métricas financeiras é essencial para um negócio sustentável. Perguntas como "Quais métricas devo acompanhar para garantir a lucratividade do meu negócio?" permitem que a IA sugira indicadores como margem de lucro, ROI (retorno sobre investimento) e ponto de equilíbrio, ajudando a empreendedora a tomar decisões mais assertivas.

Mulheres empreendedoras não apenas constroem negócios bem-sucedidos; elas criam legados. Liderando com propósito, transformam desafios em oportunidades e inspiram outras a seguirem seus passos.

Com a IA, ganham uma ferramenta poderosa para estruturar estratégias, otimizar processos e expandir seus negócios sem perder de vista seus valores pessoais. Seja para aumentar o lucro, reduzir custos ou planejar uma expansão sustentável, a IA oferece suporte essencial para transformar sonhos em realidades lucrativas e transformadoras.

TRÊS LIÇÕES FUNDAMENTAIS

No empreendedorismo, planejamento, poupança e crescimento são pilares de um negócio sustentável. A IA pode ser uma grande aliada nesse processo, ajudando empreendedoras a estruturar finanças, otimizar recursos e tomar decisões estratégicas.

1. Planejar é prevenir

Um planejamento financeiro sólido evita surpresas e prepara o negócio para o futuro. Leonora Barros, proprietária de uma loja de artesanato, enfrentava dificuldades para precificar seus produtos. Com a ajuda da IA, estruturou um plano financeiro, organizou seu fluxo de caixa e definiu metas de expansão.

A IA pode auxiliar na criação de um planejamento detalhado ao responder perguntas como "Como elaborar um plano financeiro para os próximos seis meses?", fornecendo orientações para mapear despesas, receitas e investimentos.

2. Poupar é Proteger

Reservas financeiras protegem o negócio contra imprevistos e criam oportunidades estratégicas. A IA pode indicar boas práticas, como reservar de 10% a 20% do lucro mensal, além de sugerir a melhor forma de organizar esse dinheiro em contas específicas para emergências e inovação.

Perguntas como "Quanto devo poupar do lucro mensal?" podem gerar respostas personalizadas, ajudando a empreendedora a estabelecer um fundo financeiro sólido.

3. Prosperar é o objetivo

Crescer não significa apenas lucrar, mas também reinvestir de forma estratégica. A IA pode sugerir como alocar recursos ao responder "Como reinvestir os lucros para expandir meu negócio?", indicando estratégias como automação, desenvolvimento de novos produtos ou ampliação do *marketing* digital.

O IMPACTO DA SUSTENTABILIDADE NO EMPREENDEDORISMO FEMININO

Para muitas mulheres, o sucesso não se mede apenas pelo lucro, mas também pelo impacto social e ambiental que ele gera. Mariana Barros, de Palmas (TO), por exemplo, fundou uma loja de roupas sustentáveis e viu suas vendas crescerem ao investir em materiais recicláveis e produção ética.

A sustentabilidade deixou de ser um diferencial e se tornou um movimento transformador. Integrada a uma gestão financeira eficiente, permite que empreendedoras construam negócios lucrativos e legados duradouros.

A Inteligência Artificial pode ser uma aliada estratégica para empreendedoras que buscam integrar práticas sustentáveis sem comprometer a rentabilidade. Veja o que a IA pode fazer:

1. Integração de práticas sustentáveis com a gestão financeira

Empreendedoras podem utilizar a IA para alinhar sustentabilidade e saúde financeira. Perguntas como "Como implementar práticas sustentáveis sem comprometer o fluxo de caixa?" geram *insights* sobre eficiência energética, otimização de processos e compras responsáveis.

2. Análise de custos e investimentos sustentáveis

Investir em sustentabilidade exige planejamento. A IA pode responder a perguntas como "Quais investimentos são necessários para tornar meu negócio mais sustentável?", sugerindo tecnologias verdes, fornecedores responsáveis e práticas ambientais eficazes.

3. Adoção de modelos de consumo consciente

O consumo consciente atrai clientes fiéis. Perguntas como "Como engajar meus clientes em práticas de consumo responsável?" levam a estratégias como *marketing* sustentável, programas de reciclagem e transparência nas práticas da empresa.

4. Gestão de riscos ambientais e sociais

A IA pode auxiliar na identificação e mitigação de riscos ambientais, respondendo a perguntas como "Quais são os principais riscos ambientais que meu negócio pode enfrentar?", sugerindo políticas de resíduos zero e parcerias sustentáveis.

5. Criação de impacto social e ambiental através do reinvestimento

Reinvestir de forma consciente fortalece a sustentabilidade. A IA pode indicar formas de destinar lucros para impacto social ao responder "Como reinvestir meus lucros em práticas sustentáveis?", sugerindo iniciativas comunitárias e melhorias ecológicas.

POR QUE A EDUCAÇÃO FINANCEIRA É FUNDAMENTAL PARA EMPREENDEDORAS?

A educação financeira não é apenas sobre números, mas também sobre autonomia e estratégia. Dominar conceitos como precificação, fluxo de caixa e negociações permite que empreendedoras construam negócios sustentáveis e escaláveis. A IA também pode apoiar a Educação Financeira para empreendedoras. Veja como:

1. Entendendo o básico da gestão financeira

Compreender conceitos financeiros é essencial. Perguntas como "O que é fluxo de caixa e por que ele é importante?" levam a respostas personalizadas, tornando a aplicação prática mais acessível.

2. Na precificação de produtos e serviços

Definir preços corretamente é um desafio comum. A IA pode orientar ao responder "Como calcular o preço de venda dos meus produtos?", garantindo margem de lucro sustentável.

3. Na preparação para negociações

Negociar com fornecedores exige estratégia. A IA pode sugerir abordagens ao responder "Como reduzir custos sem comprometer a qualidade?", ajudando a empreendedora a obter melhores condições comerciais.

4. No planejamento de expansão

Muitas empreendedoras querem crescer, mas não sabem como fazer o planejamento financeiro. Perguntas como "Quais passos financeiros devo seguir para abrir uma segunda unidade?" levam a recomendações de análise de custos e fontes de financiamento.

5. Acesso a ferramentas e recursos

A IA pode indicar aplicativos e plataformas financeiras ao responder "Quais ferramentas posso usar para organizar as finanças do meu negócio?", facilitando a gestão diária.

O controle financeiro é a base para a sustentabilidade e o crescimento de qualquer negócio. Mulheres que dominam suas finanças não apenas garantem estabilidade, mas também se tornam líderes em seus setores. Empreendedoras podem transformar desafios financeiros em oportunidades estratégicas com o apoio da IA, fortalecendo seus negócios e criando um impacto duradouro.

DOMINANDO O JOGO FINANCEIRO

Dominar o jogo financeiro exige planejamento, estratégia e visão de longo prazo. A Inteligência Artificial pode ser uma parceira poderosa nesse processo, ajudando empreendedoras a negociar melhor, acessar crédito, planejar investimentos e superar desafios financeiros.

Negociar é essencial para obter melhores condições e reduzir custos. Perguntas como "Como posso negociar melhores condições com fornecedores?" permitem que a IA sugira estratégias eficazes, como apresentar volume de compras, analisar concorrentes e construir parcerias sólidas.

Também é indispensável explorar as linhas de crédito disponíveis. Escolher o crédito certo pode impulsionar um negócio. A IA pode ajudar a avaliar opções ao responder "Qual tipo de crédito é ideal para financiar a expansão do meu negócio?". Ela explica as diferenças entre empréstimos bancários, financiamentos e microcrédito.

E as equipes não podem ser esquecidas. Investir em sua profissionalização é imprescindível. Uma equipe qualificada fortalece qualquer negócio. Perguntas como "Como estruturar um plano de capacitação sem comprometer o orçamento?" permitem que a IA sugira treinamentos internos, cursos online e programas de mentoria acessíveis.

A época não é das melhores para o seu negócio? Superar períodos de baixa demanda exige planejamento. A IA pode sugerir soluções práticas para perguntas como "Como melhorar meu fluxo de caixa em tempos de crise?", oferecendo alternativas como renegociação de prazos, promoções sazonais e diversificação de receitas.

Crescer também exige estrutura financeira. A IA pode ajudar a calcular custos iniciais, prever receitas e definir cronogramas para perguntas como "Como planejar financeiramente a abertura de uma nova unidade?".

COMO A IA PODE AJUDAR A PLANEJAR A LIBERDADE FINANCEIRA

Definir metas claras é o primeiro passo. A IA pode sugerir estratégias para perguntas como "Como criar um plano financeiro para alcançar a liberdade financeira em cinco anos?", ajudando a mapear despesas, receitas e oportunidades de investimento. Múltiplas fontes de receita, por sua vez, garantem maior estabilidade. Perguntas como "Quais formas de diversificar minha renda enquanto administro meu negócio?" permitem que a IA sugira cursos online, consultorias e parcerias estratégicas.

E, claro, acompanhar receitas e despesas com rigor é essencial. A IA pode indicar ferramentas e práticas ao responder "Como posso acompanhar melhor minhas finanças pessoais e empresariais?", sugerindo aplicativos de controle financeiro. E também pode ajudar empreendedoras a antecipar oportunidades ao responder "Quais tendências de mercado devo observar no meu setor?", oferecendo *insights* sobre inovação e comportamento do consumidor.

Reservas financeiras, assim como múltiplas fontes de renda, também garantem estabilidade. Perguntas como "Quanto devo poupar mensalmente para construir um fundo de liberdade financeira?" permitem que a IA ajude a calcular valores com base nas receitas atuais e metas futuras.

GESTÃO FINANCEIRA PARA EMPREENDEDORAS COM IA

A educação financeira vai além da gestão de números. Ela fornece ferramentas estratégicas para garantir a sustentabilidade dos negócios, expandir mercados e gerar impacto positivo. A IA também pode ajudar nesse processo. Por exemplo:

A IA pode sugerir passos para prever receitas e despesas ao responder "Como criar uma previsão financeira para os próximos seis meses?", analisando dados históricos e identificando sazonalidades. E pode ajudar na busca por fornecedores confiáveis ao responder "Como encontrar e negociar com fornecedores estratégicos?", sugerindo práticas como pesquisas de mercado e propostas de valor.

Sobre fluxo de caixa, manter equilíbrio entre entradas e saídas é essencial. Perguntas como "Como organizar meu fluxo de caixa para evitar baixa liquidez?" permitem que a IA recomende criação de reservas e priorização de pagamentos.

A IA pode ainda orientar a melhor forma de reinvestir lucros ao responder "Qual a melhor forma de reinvestir o lucro do meu negócio?", indicando estratégias como *marketing* digital, capacitação ou inovação.

O aprendizado contínuo garante conhecimento atualizado. A IA pode indicar cursos e materiais gratuitos ao responder "Quais recursos posso usar para aprender mais sobre finanças empresariais?". Conhecimento é poder.

IA E A EDUCAÇÃO FINANCEIRA PARA EMPREENDEDORAS

A Inteligência Artificial está revolucionando a forma como mulheres planejam e gerenciam suas finanças, tornando os processos mais rápidos, precisos e acessíveis. As empreendedoras podem se beneficiar da combinação entre educação financeira e IA para liderar com mais confiança.

A IA pode ajudar empreendedoras a usar seus lucros estrategicamente. Perguntas como "Como posso usar meus lucros para expandir meu negócio?" geram *insights* sobre investimentos em *marketing*, novos produtos ou mercados inexplorados.

E como todas as empreendedoras sabem, superar dificuldades financeiras exige planejamento. Perguntas como "Como lidar com uma queda inesperada de receitas?" levam a sugestões como renegociação de prazos, criação de promoções e ajustes em custos operacionais.

Uma boa gestão financeira evita crises. A IA pode indicar práticas eficientes ao responder "Quais práticas devo adotar para organizar melhor meu fluxo de caixa?", sugerindo monitoramento digital, categorização de despesas e reservas para emergências.

As empreendedoras precisam acompanhar métricas financeiras para decisões mais assertivas. Perguntas como "Quais indicadores financeiros devo monitorar?" geram respostas sobre margem de lucro, ROI (retorno sobre investimento) e custo de aquisição de clientes.

O crescimento sustentável, por sua vez, exige planejamento estruturado. A IA pode ajudar com perguntas como "Como posso planejar a expansão do meu negócio nos próximos três anos?", oferecendo projeções financeiras e estratégias de reinvestimento.

IA E O DESENVOLVIMENTO DE COMPETÊNCIAS DO FUTURO

A IA permite uma visão mais estratégica das finanças. Perguntas como "Como posso usar dados para planejar melhor as finanças do meu negócio?" ajudam a Inteligência Artificial a sugerir métricas, indicadores-chave e análises detalhadas.

Além disso, dominar ferramentas digitais é essencial. A IA pode indicar softwares ao responder "Quais ferramentas de IA posso usar para gerenciar melhor minhas finanças?", recomendando plataformas de automação financeira e previsão de receitas.

Com a IA, as empreendedoras também podem estruturar planejamentos financeiros personalizados. Perguntas como "Como criar um plano financeiro usando inteligência artificial?" geram sugestões de integração da IA na gestão de receitas e investimentos.

A IA pode, ainda, sugerir formas de automatizar processos financeiros, respondendo a perguntas como "Como automatizar a emissão de notas fiscais e o controle de pagamentos?", liberando tempo para decisões estratégicas.

Mais: A IA pode ajudar empreendedoras a identificar tendências emergentes. Perguntas como "Quais tendências de IA podem impactar meu setor nos próximos anos?" fornecem *insights* sobre inovação, comportamento do consumidor e novas oportunidades de negócios.

A gestão financeira tradicional, baseada em orçamentos e controle de custos, continua sendo fundamental. No entanto, a era digital trouxe novas ferramentas que potencializam esses processos, garantindo mais eficiência e *insights* estratégicos.

IA E A CONSTRUÇÃO DE COMPETÊNCIAS FINANCEIRAS NA ERA DIGITAL

A IA pode sugerir ferramentas ao responder "Quais softwares de IA são ideais para gerenciar minhas finanças empresariais?", indicando plataformas que automatizam processos e geram relatórios detalhados.

Na análise de *big data* para tomada de decisões, a IA também é importante.

Big data permite prever tendências e oportunidades. Perguntas como "Como a análise de *big data* pode ajudar meu negócio a crescer?" ajudam a IA a sugerir formas de interpretar dados de clientes e mercado.

E a Inteligência Artificial pode ainda orientar sobre investimentos digitais ao responder "Quais investimentos digitais são mais adequados para o meu perfil de negócio?", ajudando a empreendedora a avaliar riscos e oportunidades.

Em relação ao equilíbrio entre métodos tradicionais e digitais, a IA pode indicar como manter uma gestão híbrida ao responder "Como manter o controle financeiro tradicional enquanto adoto ferramentas digitais?", sugerindo a combinação de processos manuais e automatizados. E pode ainda indicar cursos e artigos para aprimorar conhecimentos financeiros ao responder "Onde posso aprender mais sobre o uso de tecnologia na gestão financeira?".

AS NOVAS FRONTEIRAS DA EDUCAÇÃO FINANCEIRA COM IA

A IA pode indicar plataformas de ensino ao responder "Quais plataformas de aprendizado financeiro baseadas em IA são ideais para iniciantes?".

Em relação à gestão de risco e planejamento estratégico, ferramentas de IA são capazes de analisar padrões financeiros. Perguntas como "Como usar a IA para identificar e mitigar riscos financeiros no meu negócio?" fornecem *insights* sobre despesas e vulnerabilidades. E a IA pode indicar também formas de reduzir desperdícios e alocar recursos de maneira mais eficiente ao responder "Como otimizar os recursos financeiros do meu negócio com IA?".

A IA pode auxiliar também na construção de projeções detalhadas ao responder "Como a IA pode me ajudar a criar um planejamento financeiro para os próximos cinco anos?". E pode sugerir estratégias para enfrentar desafios do mercado ao responder "Quais estratégias baseadas em IA podem me ajudar a competir em um mercado desigual?".

A Inteligência Artificial está transformando a educação financeira, tornando-a mais acessível e eficaz para mulheres empreendedoras. Ao integrar inovação, propósito e planejamento estratégico, elas podem construir negócios sólidos, impactantes e preparados para o futuro.

Quando as mulheres assumem o controle de suas finanças, elas não apenas garantem estabilidade, mas também pavimentam um caminho de crescimento sustentável para suas comunidades e para a sociedade.

Instagram: **@andreia feitosa2002 e @canaltestandoideias**
LinkedIn: **Andreia Gomes Feitosa**

“Ninguém é tão capaz que não precise de ninguém”. Assim **Elizabeth Lima** encerra o artigo que você lerá a seguir, O poder do *networking* para uma vida de sucesso. Uma frase que tem pautado sua vida profissional, fortemente influenciada por uma ampla rede de contatos desde o seu primeiro trabalho, aos 18 anos, para o qual foi indicada por uma amiga.

Nascida em Diadema, na Grande São Paulo, e atualmente residente na capital, Elizabeth cursou Ciências Contábeis na Universidade Ibirapuera (UNIB), fez pós-graduação em Controladoria pela Fundação Escola de Comércio Álvares Penteado (Fecap), gerenciamento de projetos pelo Serviço Nacional do Comércio (Senac) e Educação Financeira na Universidade do Oeste Paulista (Unoeste), pela **Metodologia DSOP**. É consultora educacional para programas de educação do comportamento financeiro DSOP.

Ela também é palestrante, educadora e terapeuta financeira, além de membro da Associação Brasileira dos Profissionais de Educação Financeira (ABEFIN). Exerceu cargos de liderança em grupos e associações de *networking* profissional, como a Business Network International (BNI), a Associação Empresarial da Região Sul (AESUL) e a Rede Mais Mulheres.

Mãe do Guilherme, de 5 anos, tornou-se empreendedora depois de muitos anos de carteira assinada, com a missão de levar a educação do comportamento financeiro para crianças, jovens e adultos. Para as mulheres, criou o projeto De Mãe para Filho – Educação Financeira, que ensina mães a administrarem melhor o dinheiro e passar esse conhecimento para os filhos, ajudando assim a construir novas gerações saudáveis financeiramente.

Elizabeth Lima

O PODER DO *NETWORKING* para uma vida de sucesso

Fevereiro de 2024. Acabei de chegar de mais uma reunião de negócios do Business Network International (BNI). Essa foi a Semana Internacional de *Networking* e em todo o mundo foi proposta a dinâmica de "equipes visitarem equipes". Recebemos o grupo BNI Together e hoje fomos visitar o BNI Sigma, em São Paulo.

É muito gratificante estar no mundo corporativo, mas não limitada a uma única organização. É muito bom conversar com pessoas que pensam e trabalham pelos mesmos objetivos que eu, mesmo estando em áreas totalmente diferentes da minha. É muito bom saber que posso contar com o apoio de tantos profissionais altamente capacitados em suas especialidades. É muito bom crescer como empresária, em todas as áreas que um empresário precisa observar, pelos aprendizados que tenho nas oportunidades que o grupo oferece. É muito bom ter uma rede em que posso ser quem eu sou e fazer negócios - ganhar dinheiro -, respeitando meus princípios e valores.

E é sobre isso que vou falar com você ao longo deste artigo: o poder do *networking* para a minha vida de sucesso!

Para começar, é importante conceituar o que vem a ser uma vida de sucesso. De acordo com o dicionário Oxford, sucesso é "bom resultado; êxito, triunfo" e vida é "propriedade que caracteriza os organismos cuja existência evolui do nascimento até a morte; modo de viver; conjunto de hábitos.".

Tomando essas definições como base, e considerando minha história de vida, meus valores e meus estudos, cheguei à conclusão de que a vida de sucesso não é medida por fatos isolados ou pela quantidade de recursos financeiros alcançados. A vida é uma trajetória e construímos nossa história através dos relacionamentos que fazemos e das decisões que tomamos, e essa história pode ter diferentes resultados pelas decisões tomadas em todas as áreas de nossa vida. A trajetória e a história são únicas, mas a forma como se iniciam é igual para todos e o desfecho será também o mesmo para todos. Porém, alguns terão sucesso ao longo de seu período de vida e outros não, isso vai depender de como cada um escolhe utilizar o primeiro elemento base que lhe é fornecido: o tempo.

O tempo é o que temos de mais valioso em nossa vida, pois não adianta você ter tudo se não tiver tempo. E aí entra o segundo elemento importantíssimo que não nos é fornecido diariamente de forma livre e gratuita; ele é adquirido pelas opções que fazemos ao longo de nossa vida, pela forma que optamos por utilizar nosso tempo: o dinheiro.

O que leva à vida de sucesso é justamente o equilíbrio na forma de utilizar e de dar destinação a esses dois elementos: tempo e dinheiro.

Quantas histórias você conhece de pessoas que trabalhavam muito em busca do dinheiro para viver a vida, mas na verdade não viviam? Quantos perderam momentos importantes e únicos em suas vidas por não terem tido tempo para vivê-los? Quantos quiseram dedicar todo o tempo, mas não realizaram sonhos pois não tiveram dinheiro para concretizar?

Em que erraram? É possível viver tendo tempo e dinheiro?

Quando eu deixei um emprego após 23 anos de carteira assinada, essas eram as perguntas que eu me fazia. E fui buscar a resposta.

1. PRIMEIRO CICLO: *NETWORKING* CASUAL

Nasci em Diadema, na Grande São Paulo. Quando comecei no mercado de trabalho, aos 18 anos, não tinha muitas metas claras em mente, apenas sabia que estudar e trabalhar era o que eu deveria fazer para poder realizar qualquer um dos objetivos que certamente viriam em algum momento.

A primeira oportunidade que tive foi pela indicação de uma amiga muito próxima, que me conhecia e confiava em mim. Ana Paula Oliveira foi minha grande madrinha dessa fase da minha vida que iniciava, com tantas dúvidas e insegurança. Posso dizer que ela foi quem, talvez sem mesmo saber o que era isso, me apresentou o *networking* profissional, já que ela encurtou o caminho que eu levaria para me fazer conhecida e ter a confiança das empresas. Eles já confiavam nela, então sua indicação tinha muito mais força do que qualquer currículo solto que houvesse chegado até eles.

Nesse primeiro trabalho, no departamento pessoal, para o qual decidi dedicar meu tempo, eu tinha como objetivo contribuir com aquela empresa que me abriu as portas e fazer jus ao dinheiro que eles decidiram me pagar, em troca do meu tempo. Além disso, eu tinha uma dívida de gratidão com a minha amiga que confiou em mim, o que me fazia querer entregar sempre o meu melhor.

Ali, em uma empresa de médio porte, convivi durante 5 anos com pessoas sensacionais, que me ensinaram e me inspiraram muito. Por meio dessas pessoas, aprendi a ver a vida de maneira diferente. Vi que existia um mundo inteiro que poderia ser explorado, dependeria apenas de mim e de saber fazer as conexões corretas com as pessoas certas, e atender às expectativas nas oportunidades que me fossem confiadas. Outras "Ana Paula" poderiam me ajudar a abrir outras portas se confiassem em mim, e assim eu poderia trilhar meu caminho de crescimento profissional, adquirindo dinheiro para explorar e viver tudo o que estava a minha disposição.

Início da faculdade

Um objetivo que eu tinha era de cursar uma faculdade. Eu sabia que ter diploma universitário poderia me abrir portas para o crescimento profissional, e que seria uma grande alegria para meus pais. Porém, o que eu ganhava não era suficiente para pagar o curso na universidade que eu estava pleiteando. Então, conversei com meus pais e minha mãe sugeriu que eu conversasse com minha chefe.

Como meu contrato de trabalho era de 6 horas, eu propus a ela trabalhar 2 horas a mais, e em troca ela me pagaria a diferença do que faltava para inteirar o valor do curso. Ela aceitou e assim dei um importante passo para minha trajetória profissional.

Mudança de empresa

No penúltimo ano da faculdade – eu cursava Ciências Contábeis na Universidade Ibirapuera (Unib), em São Paulo –, iniciei a busca por estágio e, através do Centro de Integração Empresa Escola (CIEE), encontrei uma oportunidade em uma grande empresa multinacional americana, a gigante General Electric. Porém, a oportunidade era sem chance de efetivação. Seguindo minha intuição e meu objetivo maior, que era adquirir experiência inicial na área que eu estava me formando, aceitei mesmo sem saber qual seria o destino após esse estágio. Agradeci muito pelo tempo que passei, ao longo de 5 anos, na empresa que me inseriu no mercado de trabalho e que, de certa forma, me proporcionou chegar onde estava chegando.

Em 1° de setembro de 2005, eu iniciei meu contrato de estágio na GE, sem chance de efetivação, sob a supervisão da minha querida e eterna chefe e amiga, Viviane Suzart, que acompanhou toda minha trajetória na GE e teve um papel fundamental em todo meu ciclo na empresa.

Em 1º de janeiro de 2007, eu estava sendo efetivada na mesma empresa, já que muitas coisas aconteceram em pouco mais de um ano e novas oportunidades apareceram. Uma luz surgia no destino que a princípio era incerto.

Crescimento profissional, promoções e aumento salarial

Muito aprendizado e oportunidades marcaram minha trajetória na GE. Fui subindo degrau a degrau, aceitando e superando os desafios que vinham com cada promoção e aumento salarial. Foi um ciclo lindo em que me relacionei com pessoas das mais variadas culturas, classes, áreas, conhecimentos, experiências. Tudo isso teve um valor imensurável, que me inspirou e contribuiu para moldar a profissional que me tornei. De estagiária a controller, construí uma rede de contatos extremamente rica e poderosa e, por meio dela, alcancei muitos objetivos.

Conquistas e realizações

Estudos, carros, intercâmbio, apartamentos, viagens nacionais e internacionais... Muitos foram os sonhos realizados ao longo dos anos de atuação na GE. Mas, não se enganem, a trajetória não foi apenas flores, muitos foram os espinhos que tive que enfrentar para essas conquistas. Fechamentos exaustivos, horas extras, noites mal dormidas... dediquei muito da minha vida à área profissional e estava construindo cada vez mais meu patrimônio. Mas, com o passar do tempo, comecei a sentir um desequilíbrio em relação às outras áreas: pessoal e de relacionamentos. Para equilibrar, percebi que dinheiro não era suficiente: eu precisava de tempo para me dedicar a elas. Começaram, então, os conflitos internos de busca pelo equilíbrio entre o tempo e o dinheiro.

2. FIM DE CICLO: DA CLT AO EMPREENDEDORISMO E REDE DE APOIO

Casada e com a rotina de atividades domésticas, que enquanto eu morava com meus pais não pareciam existir, comecei a perceber de uma forma mais enfática como meu tempo era valioso. Ao subestimar o tempo necessário para realização de algumas tarefas, começaram a surgir conflitos internos e de ordem cultural. A sobrecarga para as mulheres não é a mesma para os homens, e eu não sentia ser justa essa realidade. Meu tempo de dedicação ao trabalho não era mais o mesmo, mas a cobrança, tanto própria quanto da empresa, continuava igual. Fazer mais com menos, nesse caso, inclusive com menos tempo, era o esperado. Porém, minha mente e meu físico não conseguiam atender às expectativas, eles pediam pausa, mas eu achava que daria conta. Sozinha não seria possível, então contei muito com a ajuda da minha mãe nessa fase.

Além do tempo, a responsabilidade de assumir um lar traz muitas obrigações financeiras, como aquelas que, enquanto eu morava com meus pais, não tinham grande visibilidade para mim: supermercado, açougue, hortifruti, condomínio, água, gás, luz, internet... Nada disso era exatamente um sonho, mas era necessário. O dinheiro parecia não ser mais suficiente, mas eu achava que daria conta da situação. Meu marido assumiu alguns gastos, pois arcar com eles sozinha não dava (e não era justo).

Idade avançando, insegurança sobre a decisão de optar por ter ou não um filho: será que eu seria capaz de educar e criar um ser humano para a vida? Era uma responsabilidade muito grande e, por vezes, eu sentia o desejo e, em outras vezes, sentia que talvez fosse bom seguir como estava. Mas o tempo passava, a idade avançava e o medo de me arrepender aumentava. Tive que decidir. Conversei com meu marido e resolvi deixar acontecer a vontade de Deus: se fosse para ser, tudo bem, mas se não acontecesse, tudo bem também. Três anos se passaram e, quando achávamos que realmente não aconteceria, aconteceu! Nossa relação, que já não estava muito boa, piorou muito com a gestação. Eu precisava de apoio, talvez esse fosse o momento em que mais precisei, mas não encontrei em quem esperava, meu companheiro, pai do meu filho. Após o nascimento do Gui, quando ele estava com 1 mês e meio, nos separamos. Tornei-me mãe solo. Nem o tempo nem o dinheiro eram suficientes, mas eu achava que daria conta. Não sei se teria conseguido superar sozinha e sou muito grata a algumas pessoas, em especial, além da minha mãe, a minha psicóloga Neuza Maria Meneghello, a minha comadre Tatiana Violante Reimberg, a minha grande amiga Daniele Bento Lourenço e a dona Marlene Aparecida da Silva, por quem tenho um carinho muito especial.

Volta ao trabalho e pandemia

Fim da licença maternidade, retorno ao trabalho. Hora de deixar o filho na escolinha após sete meses de dedicação total e exclusiva a ele. Não queria, mas agora eu não estava sozinha, tinha um ser totalmente dependente de mim e eu precisava assumir a responsabilidade. Todos os dias, eu ia chorando para o trabalho após deixá-lo na escolinha. Eu já não era mais a mesma. Havia a Elizabeth antes de ser mãe e após ser mãe. Meus valores mudaram. Minha forma de enxergar a vida mudou. Mas meu trabalho continuou o mesmo. Após um mês e meio que havia retornado ao trabalho, o anúncio do *lockdown* por conta da pandemia me fez retomar a rotina com meu filho em casa, mas agora minha dedicação a ele não era total e exclusiva: eu tinha que trabalhar de casa e ainda ficar com ele. No entanto, a felicidade de poder estar com ele novamente, mesmo que por uma situação que eu jamais gostaria que tivesse acontecido, me fazia achar que daria conta de tudo. Só que não dava, tive que contar com o apoio de uma babá, a maravilhosa Cristiane Cadó Félix.

Novo cargo, problemas antigos

O retorno à atividade após o período de licença maternidade não foi total. Fui alocada para outros projetos, porém percebia que algo poderia acontecer. E o que muitos diziam ser crença – que muitas mulheres eram demitidas depois de ter um filho –, se concretizou: fui informada, meses após meu retorno, que minha posição não existia mais e que eu teria três meses para me recolocar. O chão abriu, pois eu era mãe solo e meu filho dependia totalmente de mim. Felizmente, como eu já havia percebido que algo poderia acontecer, me candidatei a uma outra posição interna uma semana antes de receber a notícia. A posição era diferente do que eu havia realizado até então: eu responderia para a liderança no exterior e trabalharia 100% home office, o que soou como música para meus ouvidos, já que eu teria, portanto, a possibilidade de seguir trabalhando de casa e tendo meu filho próximo a mim, agora com uma nova babá para me apoiar, a sensacional Rafaela Sant'Ana. Fui aprovada e visualizei o melhor cenário, achando que daria conta dele. Porém, mesmo com toda diferença aparente de cargo, a empresa era a mesma e muitas situações eram comuns também a essa posição: fechamentos exaustivos, horas extras, noites mal dormidas... Só que agora, além de profissional, eu era mãe. Trabalhar doente não era bom, mas eu dei conta da situação muitas vezes. Porém, nesse momento, trabalhar vendo o meu filho doente e precisando de mim foi impossível, não conseguia lidar com isso. Tive *burnout*.

Percebi ali que o meu ciclo na GE havia terminado. O desejo era deixar tudo naquele exato momento. Eu já vinha apresentando sintomas de esgotamento, mas por achar que aguentaria aquela rotina, não dei a devida atenção – e aprendi da pior forma que eu não era uma super-heroína e que não conseguia dar conta de tudo. Mesmo com uma rede de apoio excepcional, a área pessoal da minha vida estava totalmente descuidada. Quando resolvi olhar para mim e para o que eu precisava, percebi que não poderia ter o tempo de que eu necessitava por não ter dinheiro suficiente para viver aquela fase de autocuidado. Eu havia trabalhado 17 anos, conquistado muitas coisas, porém não tinha reserva alguma para me dar a segurança financeira de que precisava naquele momento. Para onde estava indo meu dinheiro? Por que eu não tinha nenhuma quantia guardada para uma situação como aquela? Não tive respostas e precisei seguir trabalhando, pois eu estava refém do dinheiro.

Quando meu filho estava completando 2 anos, resolvi trocar a babá por uma escolinha, para ele ter convívio com outras crianças. Na escola fui informada de que lá ele teria educação financeira. Achei o máximo e quis saber como seria isso com crianças tão novas. Foi aí que conheci a DSOP. E considero esse momento o início de um novo ciclo da minha vida.

3. NOVO CICLO: NETWORKING INTENCIONAL

O *burnout* e a **Metodologia DSOP** foram marcos importantes na minha vida, pois a partir disso comecei a estruturar muitos pensamentos:

- **Por que eu conseguia cuidar dos milhões de uma empresa, mas tinha dificuldade de cuidar do meu salário?**
- **Por que eu havia trabalhado tanto e não tinha nenhuma reserva financeira para sair da empresa e cuidar de mim quando precisei?**
- **Por que eu trabalhava tanto, havia conquistado tantas coisas, mas ainda não tinha qualidade de vida?**
- **Por que eu me sentia insegura em ser mandada embora?**
- **Por que eu não estava mais motivada no trabalho?**

Decidi que eu iria a fundo para responder a essas e outras perguntas, mas percebi que para isso era preciso me conhecer mais. Então, decidi me aprofundar na educação financeira e iniciei uma pós-graduação, enquanto aplicava a **Metodologia DSOP** em minha vida. Sentia uma satisfação e um desejo de ampliar e compartilhar cada conhecimento e descoberta. Comecei a pensar que gostaria de trabalhar com educação financeira e ajudar outras pessoas a se organizarem financeiramente, para não passar pelas dificuldades que passei. Comecei a avaliar a possibilidade de adquirir uma franquia da DSOP e atuar como Terapeuta Financeira aos finais de semana, para sentir como seria, e assim fiz no início de 2022.

Eu me identifiquei muito com os atendimentos e senti que poderia estar ali minha motivação nessa nova fase de vida. Porém, ao mesmo tempo, muita insegurança existia ao pensar em deixar um emprego CLT, afinal eu estava há 17 anos na mesma empresa e, de certa forma, na minha zona de conforto. No entanto, a possibilidade de viver novos desafios e me desenvolver em outro aspecto profissional me encantava cada dia mais.

Na busca pelos conhecimentos que eu não tinha, comecei a fazer cursos e conhecer novas pessoas. Passei a formar uma nova rede de contatos, agora com propósito e intencionalidade. O contato com pessoas que já estavam um pouco mais avançadas na área fortaleceu meus primeiros passos, abrindo minha mente para um novo mundo que eu desconhecia: o empreendedorismo.

Eu estava prestes a completar 40 anos e isso me motivou ainda mais na busca do autoconhecimento e no início de um novo ciclo, não apenas pela idade, mas pela minha vida. Comecei a participar de eventos e a realizar processos de autoconhecimento para me ajudar a dar os próximos passos:

- **Pelo convite de uma empreendedora, Midiam Almeida, conheci o BNI;**
- **Pelo convite de uma amiga, Ligia Hayne, participei do evento de imersão "Desperte Seu Poder", do Instituto Brasileiro de *Coaching* (IBC);**
- **Buscando suporte no Sebrae, participei do evento de imersão "Empretec" – metodologia criada pela ONU com**

o objetivo de desenvolver habilidades empreendedoras e identificar novas oportunidades de negócio;

- **Por curiosidade e a convite de minha amiga Renata Pereira, fiz uma sessão de constelação familiar;**
- **Pelo BNI, fiz meu mapa astral com a querida Nanci Vince.**

Minha rede de *networking* do empreendedorismo se ampliava cada vez mais em cada um desses eventos realizados. Comecei a me sentir mais fortalecida por estar conseguindo me entender melhor e por perceber que eu não estava sozinha nesse novo ciclo. Por mais que minha rede de apoio familiar não estivesse tão segura para me apoiar naquele momento, pois não sabia como fazê-lo, as pessoas dessa nova rede que se formava me entendiam, pois já tinham passado ou estavam passando pelo mesmo que eu estava vivendo naquele momento.

Então, após um ano de preparação emocional, mental e financeira, tomei a decisão e informei à empresa que eu iria deixar de ser CLT. Minha tomada de decisão foi após voltar de férias, quando realizei o Empretec, em abril de 2023, ao completar meus 40 anos. Porém, a empresa aceitou fazer um acordo caso eu ficasse até o final de agosto. E após exatos 18 anos de GE, em 1º de setembro de 2023, deixei de trabalhar com carteira assinada e encerrei o ciclo corporativo para me dedicar apenas ao novo ciclo de empreendedorismo.

Networking e o crescimento empreendedor

Minha primeira participação em um grupo de *networking* profissional já gerou impacto financeiro positivo. Como mencionei no capítulo anterior, fui convidada por uma empreendedora a participar da reunião de um grupo do Business International Networking (BNI), que pratica a filosofia *givers gain* (em tradução livre, quem doa, ganha), ou seja, aqueles que ajudam os outros, acabam ganhando de volta.

Era uma terça-feira, a reunião era online, às 6h30 da manhã! O slogan deles é "nós fazemos negócios enquanto a concorrência dorme". Nos primeiros 30 minutos da reunião, fomos separados em salas virtuais paralelas com uma quantidade menor de participantes, para que houvesse a possibilidade de todos se apresentarem e falarem sobre seus respectivos negócios. Lembro que estava tímida, mas muito empolgada, e quando tive a vez de falar me apresentei como Terapeuta Financeira com foco em mães que desejam um futuro melhor para seus filhos. Todos ficaram atentos e curiosos pelo termo terapeuta financeiro, então expliquei um pouco mais sobre como eu realizava os atendimentos e deixei meu contato no *chat*, assim como todos estavam fazendo. Após esses 30 minutos, retornamos à sala principal com todos os participantes, e eles deram início à pauta global do BNI, momento em que entendi melhor sobre a organização, seus valores e benefícios, e conheci todos os membros que faziam parte daquele grupo, através de seus *pitchs* (falas rápidas de apresentação de alguém ou de um projeto) de 30 segundos! Sim, fiquei impressionada como eles conseguiam apresentar a si mesmos e seus negócios, gerando curiosidade nos ouvintes, em apenas 30 segundos! Era o famoso p*itch elevator*, que eu já havia ouvido falar. Fiquei encantada e assim nasceu o desejo de fazer parte daquilo. Ao final, fui direcionada para outra sala com os demais convidados, para receber informações sobre o processo de seleção do BNI, caso tivéssemos interesse em fazer parte do grupo. Por mais que eu desejasse, naquele momento não estava preparada, pois eu não tinha rede de apoio para deixar meu filho e me comprometer em participar das reuniões semanalmente, às 6h30, sendo uma vez por mês de forma presencial. Mas saí decidida a me organizar para poder entrar em 6 meses.

Primeira experiência = primeira venda

Lembram que eu disse que a reunião aconteceu em uma terça-feira e que, após minha fala de apresentação, deixei meu contato no *chat*? Pois é, na quinta-feira da mesma semana recebi uma mensagem de número desconhecido, dizendo que era uma das convidadas da reunião e que achou muito interessante meu trabalho. Ela gostaria de conhecê-lo melhor. Na hora já fiquei extremamente feliz apenas pela oportunidade que essa reunião me gerou, e agendei um encontro com ela para conversarmos melhor. Preparei-me para essa conversa e tive minha primeira venda realizada! Ela amou e adquiriu meu pacote de Terapia Financeira.

Quer motivo maior para eu acreditar e ter certeza de que o *networking* profissional funciona? Eu não era membro, ela não era membro, e mesmo assim fizemos negócio. Minha decisão de me organizar para entrar em 6 meses se fortaleceu e, efetivamente, fiz acontecer. Em dezembro de 2022, fiz minha afiliação como membro do BNI.

Desenvolvimento como empresária

Cada cadeira dentro de cada grupo do BNI é única, ou seja, não existe concorrência. Então, eu era a única Terapeuta Financeira daquele grupo. Assim, ao assumir a cadeira de planejadora financeira, eu teria os demais participantes como "meu time comercial", já que a metodologia do BNI prevê que seus membros se apoiem mutuamente por meio de ações claras e objetivas, com a intenção de ajudar o outro a aumentar seus negócios. E assim foi. Conforme os membros se desenvolviam, o grupo crescia como um todo. Tudo era mensurado através de métricas e acompanhado pelo semáforo de desempenho dos membros. Ao longo da semana, tínhamos que nos comprometer a realizar algumas tarefas.

- **Reuniões 1a1.** A famosa reunião em que cada um apresenta seu negócio para o outro, de forma estruturada, através de um roteiro padrão;
- **Levar convidados.** Para que pudéssemos fazer o nosso grupo crescer e, assim, ampliar a possibilidade de negócios;
- **Realizar UEG.** UEG são unidades de educação de grupo que têm o objetivo de estudar sobre *networking* através dos diversos meios disponibilizados na plataforma.

No começo, pareceu bem difícil. Aos poucos, fui sendo orientada por outros membros mais experientes e conseguindo me integrar ao grupo.

A cada reunião de 1a1 realizada, mais *insights* eu tinha para estruturar meu negócio. Cada profissional com quem eu conversava, enxergava meu negócio com um olhar e fui refinando minhas falas, minhas apresentações e minha postura. Fazer negócios não é simples, vai muito além das habilidades técnicas de vendas. Para fazer negócios você precisa ter a mentalidade de empresário, se enxergar como empresário, ter a postura de empresário e se apresentar como empresário. Não foi fácil sair da zona de conforto de uma CLT e encarar todas as transformações necessárias para fazer o empreendedorismo dar certo, mas tenho total convicção de que, sem o apoio dessa rede de *networking* profissional, seria muito mais difícil e talvez eu tivesse desistido.

Olhar para aquele investimento que eu havia feito como uma escola de empreendedorismo, em que eu poderia me desenvolver em vários aspectos, me ajudou a lidar com a ansiedade pelos resultados financeiros que não vieram de imediato. É importante você criar sua identidade e credibilidade dentro do grupo. Ser referenciada exige confiança por parte dos membros e isso é construído ao longo do tempo, podendo não ser tão rápido quanto esperávamos ou gostaríamos.

Considerando esses pontos de desenvolvimento pessoal, construção do relacionamento de confiança e da filosofia *givers gain*, aceitei o convite que recebi pela diretora consultora do grupo na época, Heide Carvalho, após 6 meses como membro, para ser a presidente do grupo na próxima gestão, que teria início em algumas semanas. Um grande desafio, mas que me permitiria muitos aprendizados e muitas oportunidades. Desde então, sigo no trio de liderança contribuindo com a gestão do grupo e trabalhando com as oportunidades que me aparecem.

Negócios e projetos

Eu estava atuando como Terapeuta Financeira, mas o desejo de realizar palestras era grande. Poder disseminar a educação do comportamento financeiro para mais pessoas era uma meta. Então, considerando também a posição de presidente que eu havia assumido e me permitia uma certa experiência como palestrante, dei início ao curso de oratória no formato presencial, para aprimorar habilidades e técnicas. Mais conexões foram feitas. Meu grupo era formado por grandes profissionais das mais variadas áreas e com experiências de vida diferenciadas, além do meu professor muito competente, Paulo Reis. Estar em um ambiente seguro, com pessoas que não iriam me julgar e, sim, me apoiar no desenvolvimento foi de grande importância. Aprendemos muito sobre Programação Neurolinguística (PNL), de que eu já tinha conhecimento pela imersão que havia feito no IBC, mas ao longo desse novo curso a experiência foi vivenciada com maior profundidade, me permitindo inclusive aplicar técnicas nos meus atendimentos de terapia financeira. Paralelamente, adquiri a franquia de Educador Financeiro e comecei a atuar como palestrante. A cada palestra agendada, eu marcava mentoria individual com meu professor de oratória para me preparar para aquela palestra. E assim fui evoluindo a cada nova oportunidade e realizando mais e mais conexões.

Como Educadora Financeira, as oportunidades se expandiram para além das palestras: comecei a realizar *workshops*, mentorias e a dar aulas de Educação Financeira. Tive o prazer de participar de projetos especiais com a DSOP, atendendo a diferentes empresas e seus colaboradores, e um deles muito especial foi o Projeto Início de Carreira, em que formei 18 jovens entre 14 e 17 anos, divididos em duas turmas, em aulas presenciais semanais durante 4 meses. Esse trabalho me remeteu ao passado: tenho lembranças muito especiais dos 10 anos que atuei como educadora para crianças e jovens na comunidade em que morava, e posso dizer que foi onde nasceu meu propósito de vida, que é o de ajudar a transformar a vida de crianças e jovens por meio do conhecimento e dos sonhos.

Encontrei na DSOP a oportunidade de contribuir com o futuro de famílias e com a sociedade, levando o conhecimento de educação financeira para ajudar mães, como eu, a melhorarem suas relações com o dinheiro e a terem a possibilidade de iniciar a educação financeira de seus filhos dentro de casa, para que alcancem qualidade de vida e sustentabilidade financeira através do uso consciente dos recursos, realizando seus sonhos e construindo uma geração sustentável financeiramente.

De mãe para filho

Ao longo de toda minha trajetória, a certeza de que o caminho para a construção de um futuro melhor se dava por meio da formação das crianças e dos jovens sempre me acompanhou, mas se intensificou com o nascimento do meu filho. A preocupação com o futuro dele foi somada a essa certeza e comecei a estudar sobre educação parental e educação infantil, para eu ter conhecimento e ser a melhor mãe que eu poderia e gostaria de ser. Conforme estudava, *insights* surgiam e tornavam-se registros soltos a princípio, mas que aos poucos foram ganhando uma forma e um nome: *De Mãe Para Filho.*

Através das conexões realizadas, inicialmente com a administradora do grupo de mães do condomínio, minha vizinha e educadora parental, que se tornou uma grande amiga, Juliana Mayeda, dei início ao projeto do podcast *De Mãe Para Filho*, conectando especialistas das mais diversas áreas para levar conhecimento para as mães sobre dúvidas comuns de como lidar com determinadas situações da educação dos filhos. Com seu retorno ao mundo corporativo e a minhas novas demandas no mundo do empreendedorismo, deixei adormecer o projeto. Depois, em um momento de fragilidade e de insegurança que vivi nessa trajetória inicial do empreendedorismo, quando estava pensando em desistir, conversei com meu querido amigo Alexandre Horimi, meu parceiro no trio de liderança do BNI e especialista em grafologia, e fiz minha grafoanálise evolutiva. Naquele momento, consegui visualizar todas as peças soltas do quebra-cabeça e tive a clareza de que jornada não seria fácil, mas eu não queria e não deveria deixar de dar vida ao meu propósito. Nesse momento, criei coragem e dei nova vida ao *De Mãe Para Filho*.

Considero essencial o papel das famílias na educação das crianças e dos jovens, porém, sempre soube da importância das escolas na formação de cidadãos conscientes de seu papel na sociedade. Por isso, aproveitei a oportunidade existente na DSOP e adquiri também a franquia de Consultor Educacional, que me habilitou a levar os programas de Educação Financeira da DSOP para as escolas. Assim, eu poderia ampliar as oportunidades de realizar meu propósito: ser uma agente de transformação na sociedade, disseminando a educação financeira, e também empreendedora, para realizar o fortalecimento de famílias e da formação de profissionais de sucesso, capacitados a realizarem seus sonhos e a viverem com qualidade de vida.

4. O FUTURO E O *NETWORKING*

Com esse propósito, sigo minha atuação com *De Mãe Para Filho* e DSOP. Tenho planos para meu futuro, visualizo onde quero chegar, mas sei que quem conduz e sabe o melhor para minha vida é Deus, e Nele deposito minha confiança de que tudo dará certo, independentemente do que terei que viver daqui para frente.

Minha vida mudou completamente. Vivo um novo ciclo não apenas profissional, mas também pessoal.

Hoje tenho meu maior e mais prazeroso motivo de viver, meu filho Guilherme Lima Freitas, que mesmo com pouca idade me ensina tanto a cada dia e me ajuda a ser uma pessoa melhor.

Tenho um parceiro de vida, meu amor Henrique Sander, que com toda sua história de vida me complementa e me mostra que é possível e mais gostoso superar os desafios e viver as alegrias da vida juntos.

Tenho meus pais Pedro Menezes de Lima e Sueli de Araujo Lima, minha irmã Elieth de Araujo Lima e meus sobrinhos João Pedro Lima Dantas e Marcos Paulo Lima Dantas enxugando minhas lágrimas nos momentos difíceis e se orgulhando das minhas vitórias.

Tenho muitos amigos, mas alguns que me acompanham ao longo da minha trajetória desde os meus 15 anos já são mais que amigos, são irmãos: Adriana Menezes, Letícia Souza Fernandes, Eliane Rodrigues Fernandes, Renata Pereira da Silva, Nubia Nunes Moreira, Janaina Soares Silva, Paulo Henrique Sant'Anna Mendes e Gabriela Bernardo. E minhas amigas mais recentes que estão mais próximas nesta atual fase: Juliana Mayeda, Ligia Hayne, Tamires Santos e Daniele Bento Lourenço.

Tenho parceiros de empreendedorismo, todo meu grupo do BNI Olimpo e dos demais grupos de *networking* de que participo – Rede Mais Mulheres e Associação Empresarial da Região Sul (AESUL) –, me apoiando nessa jornada desafiadora e gratificante.

Hoje, graças a toda minha rede de conexão, ao *networking* pessoal e profissional, consigo viver minha vida de sucesso, equilibrando diariamente os principais elementos que me levam a realizar meus sonhos: meu tempo e meu dinheiro.

"Ninguém é tão capaz a ponto de não precisar de ninguém."

Instagram: **@elizabethlima.oficial @demae.prafilho**
LinkedIn: **Elizabeth Lima**

Emanuela Rocha Mota, baiana residente em Aracaju/SE, é mãe de Gabriel e Emily Santiago, filha de professora e de militar, e muito apaixonada pela natureza. Educadora Financeira, Sócia Executiva da DSOP e Consultora Empresarial, seu foco é negócios e finanças. Graduou-se em Administração Geral na Universidade Estácio e fez mestrado em Administração na Universidade Federal de Sergipe (UFS), com especialização em Finanças, Investimentos e *Banking* (PUC/RS), bem como em Auditoria e Controladoria (FANESE).

Professora substituta da UFS nas disciplinas da área de Finanças, ela também representa a ABEFIN Sergipe - Associação Brasileira de Profissionais de Educação Financeira – e atua em parceria com o SEBRAE/SE, como Instrutora e Consultora nas áreas de Gestão Financeira e Educação Profissional.

Emanuela trabalha há mais de 32 anos no mercado de pequenas, médias e grandes empresas, seguradoras e instituições financeiras. Após se dedicar ao segmento bancário como gestora da área de crédito na última década, decidiu fazer uma pausa para se dedicar à educação do comportamento financeiro de jovens, adultos, idosos, profissionais liberais, grupos de colaboradores e empreendedores. Ela acredita que a educação financeira transforma vidas, possibilitando desenvolver atitudes que resultam em crescimento financeiro, lucratividade e decisões sustentáveis.

Emanuela Rocha Mota

O QUE A MULHER EMPREENDEDORA *precisa saber sobre finanças*

Nos últimos doze meses, dediquei-me a visitar empresas de micro e pequeno portes, conversar com empreendedores e funcionários de empresas de diversos segmentos e participantes de cursos e eventos organizados por parceiros, bem como interagi ativamente com grupos de empreendedores e empreendedoras sergipanos. O objetivo desta imersão foi trocar experiências e conhecimentos, ouvir histórias de vida e disseminar orientações fundamentais sobre Educação Financeira para adultos e empreendedores, além de abordar a Gestão Financeira nos negócios de forma acolhedora, prática, leve e motivadora.

Nesse período, conheci empreendedores de micro e pequeno portes que posso considerar de sucesso, no que se refere à performance frente aos seus negócios. Empreendedores que saíram do zero ao faturamento mensal de R$ 300 mil, em menos de três anos. Empreendedores que, por meio das suas habilidades e persistência, criaram uma imagem forte e respeitada junto ao mercado em que atuam. Empreendedores que capacitaram, motivaram, inspiraram e orientaram outros empreendedores. Histórias de desafios, lutas, decepções, mas que resultaram em prosperidade, crescimento, sustentabilidade e admiração.

No entanto, os cenários se apresentam controversos quando abordamos o tema Finanças durante esses encontros. Ou até mesmo nas interações que realizamos junto aos cursos, palestras e oficinas. Existe uma espécie de resistência ao tema, como se fosse algo que devesse estar separado do negócio e, se possível, ser realizado por alguma pessoa que não fosse o empreendedor. Percebo mudança nas expressões faciais e corporais diante do desconforto que é gerado quando tais pessoas ouvem falar sobre Educação Financeira.

Cerca de 60% dos brasileiros não falam quanto ganham. Para que não se sintam tristes, 49% dos brasileiros evitam até mesmo pensar em dinheiro. Aliás, para eles, falar sobre dinheiro não é imprescindível (Itaú, 2020). Esse contexto foi identificado por mim quando estive diante de empreendedores que são responsáveis por empresas de micro e pequeno portes, de diferentes segmentos e localizações.

Acredito que essa problemática proporciona aos Educadores Financeiros a oportunidade de ajudar esse público no desenvolvimento do comportamento financeiro. Esse suporte tende a gerar resultados positivos, tanto em sua vida pessoal quanto na profissional. Precisamos ajudar as pessoas a falar sobre dinheiro com naturalidade, autonomia e liberdade. Da mesma forma que conseguem discorrer sobre qualquer outro tema social ou econômico.

Utilizando uma trilha de conteúdos e orientações de fácil compreensão, o Educador Financeiro precisará utilizar-se de acolhimento paralelamente a métodos de aprendizagem simples e práticos, para conseguir ajudar esse público a compreender a importância da gestão financeira e, assim, saber utilizá-la no seu dia a dia, com mais segurança, tranquilidade e autonomia.

Costumo dizer que "a conta não fecha" quando conheço alguém considerado próspero, mas que desconhece seus resultados financeiros. Ou que não possui interesse em analisar as informações que o seu sistema disponibiliza em tempo real.

Esse cenário é o mesmo, independentemente se o empreendedor possui ou não suporte de outra pessoa para dispor dos controles financeiros necessários para sua empresa. Inclusive, é um cenário percebido entre empreendedores e empreendedoras.

Por um lado, a empreendedora possui dinamismo, destaque no segmento em que atua, força, capacidade de adaptar-se às mudanças e postura para enfrentar desafios e promover o autoconhecimento para evoluir o seu negócio. No entanto, essa mesma empreendedora simplesmente direciona a atividade de gerir as finanças da sua empresa para outra pessoa: cônjuge, familiares, amigos, terceiros e/ou funcionários.

Há também aquelas que assumem as atividades de gestão financeira sem qualquer tipo de organização e controle. Apenas sob demanda ou por força da necessidade.

Dos grupos com os quais convivi e convivo, a maioria das interações são com empreendedoras. Este dado me faz refletir sobre o empreendedorismo feminino brasileiro. Dos 42,2 milhões de empreendedores existentes no Brasil, apenas 34% são mulheres (GEM 2023). As consideradas donas do negócio, perfazem o montante de mais de 10 milhões de empreendedoras no Brasil (SEBRAE, 2024). No entanto, apesar da dificuldade que o empreendedor possui em se relacionar bem com o dinheiro, a mulher é o público brasileiro que mais busca conhecimento e desenvolvimento na área de Educação Financeira (SERASA, 2024).

O DESPERTAR PARA O EMPODERAMENTO FINANCEIRO

A informação sobre a busca pela educação do comportamento financeiro requer observar a mulher como um indivíduo com diversas atribuições pessoais e profissionais, que vive em constante processo de evolução. Em 2023, a pesquisa *Relevância das Mulheres nas Finanças das Famílias Brasileiras* revelou que a mulher se identifica como protagonista de sua vida financeira. As entrevistadas informaram que, ao pensar em organização financeira, seus principais desejos são conseguir pagar suas contas em dia e conseguir elaborar um planejamento com todos os gastos da casa (SERASA, 2023).

Mas o que aconteceu nas últimas décadas para ocorrer o despertar da mulher pela educação do comportamento financeiro? Ora, ela começou a ocupar espaços que antes eram considerados impossíveis. Apesar de ser minoria em quase todas as atividades, exceto as relacionadas aos cuidados de pessoas, a exemplo de saúde e educação, ela ascendeu e hoje está inserida em cerca de 40% das vagas ocupadas no Brasil.

No entanto, a mulher possui desafios que impactam as suas finanças, visto que ao falar sobre seus rendimentos, ou seja, ganhos financeiros, esse grupo ganha em média 21% a menos que os homens (DIEESE, 2024). E em sua incessante luta pela igualdade salarial e por ser reconhecida profissionalmente, ela ainda precisa manter sua dupla jornada, que na maioria das vezes a obriga a tomar decisões que impactam a sua inserção ocupacional (IBGE, 2024).

Nesse cenário controverso e desafiador com baixo percentual de ocupação no mercado de trabalho, desigualdade salarial e desafios para conciliar a dupla jornada, podemos considerar que existe uma relação impactante entre a mulher brasileira e a sua vida financeira? Aqui fica a provocação para estudos futuros.

O gênero considerado frágil já iniciou seu processo de crescimento pessoal e profissional diante de adversidades sofridas ao longo do tempo. A mulher, na busca pelo empoderamento feminino, passou a ser também a responsável ou a possuir participação ativa na gestão financeira da sua família (SERASA, 2023). Um dos fatores que impacta diretamente para contribuir com esse cenário é a crescente proporção de famílias que possuem filhos e são administradas por chefes femininas (DIEESE, 2024).

Dados apontam que das famílias brasileiras existentes, **cerca de 32% são sustentadas unicamente por mulheres,** 19% contam com mulheres que dividem igualmente a responsabilidade financeira com outra pessoa, 15% possuem a mulher como o principal responsável financeiro e apenas 7% não recebem suporte financeiro de uma mulher (SERASA, 2023).

Das famílias sustentadas unicamente por mulheres, **cerca de 64% destas chefes de famílias são solteiras e 18% são divorciadas, estando elas na faixa dos 30 a 49 anos.** Um fato relevante a ser considerado especialmente nesse grupo é que cerca de 78% deste universo de chefes de famílias precisam realizar uma segunda atividade econômica para complementar a renda da família. E como um fator de alerta para nós, educadores financeiros, precisamos tomar conhecimento de que cerca de 91% das mulheres chefes de famílias já estão ou estiveram com registro negativo em seu CPF (SERASA, 2023).

Sendo assim, quando se propõe a falar sobre mulheres empreendedoras financeiramente independentes, é necessário analisar as mudanças ocorridas em suas vidas, nas suas convivências e em sua evolução pessoal e profissional, bem como os aspectos socioeconômicos, a exemplo de arranjos familiares, relações interpessoais, desafios e vivências.

Esse cenário familiar de empoderamento financeiro feminino tende a reverberar para o ambiente empresarial. E, apesar de ser minoria, precisamos estimular a mulher empreendedora a ser o perfil que mais busca se capacitar para conseguir realizar uma gestão financeira sustentável, tanto para sua vida quanto para seu negócio.

ACOLHIMENTO E TRATAMENTO DIFERENCIADO

Existem quatro dimensões de tabu quando o assunto é dinheiro (ITAÚ, 2020):

a) Cultural: os brasileiros acreditam que o Brasil, apesar de ter abundância, é um país que nunca soube lidar com suas riquezas, mantendo-as em segredo, na mão de poucos e sem transparência. Os brasileiros se acostumaram a conviver com altos e baixos na vida financeira e vivem de expectativas. Cerca de 81% dos brasileiros acreditam que a vida vai melhorar em cinco anos.

b) Social: existe uma crença de que é necessário ter muito conhecimento técnico para conseguir lidar com o dinheiro. Por serem leigas, 97% das pessoas tendem a acreditar que sempre estão fazendo algo errado e assumem que possuem dificuldade nessa área.

c) Familiar: cerca de 73% dos brasileiros se sentem mais seguros quando conversam sobre dinheiro com algum familiar, no momento em que precisam tomar decisões financeiras. No entanto, a educação financeira parece não ser vista como um legado familiar, se considerarmos que 49% dos brasileiros ajudam seus pais financeiramente.

d) Individual: quebrar os medos, inseguranças, frustrações e vergonha requer esforço. Principalmente quando a pessoa pensa que o dinheiro pode trazer problemas. Cerca de 86% dos brasileiros acreditam que o dinheiro pode acabar com as relações afetivas e familiares.

E nesse ciclo de tabus sociais, familiares, individuais e culturais, percebemos que a mulher tem um misto de emoções e sente medo, insegurança, vergonha e incerteza sobre planos futuros, quando questionada sobre sua vida financeira. Emoções que poderíamos chamar de normais, principalmente para quem precisou sair da zona de conforto e se envolver em diversas oportunidades. No entanto, quando essas emoções negativas passam a fazer parte do cotidiano, o cenário tende a ficar preocupante.

No contexto corporativo, a mulher empreendedora possui as mesmas características e desafios dos homens, quando o tema se refere a gerir um negócio, planejar estratégias, impulsionar suas atividades para proporcionar crescimento e desenvolvimento. No entanto, por ter essa dose a mais de emoções necessita de um atendimento diferenciado e acolhedor para ajudá-la na gestão financeira da sua empresa.

O acolhimento pode ser feito por meio de algumas frases de efeito, que a façam refletir e se sentir percebida. Em determinados momentos, ela pode sentir segurança para contratar um suporte profissional, que a ajude em suas demandas sobre a vida financeira. Em relação a isso, há algumas pontuações que costumo fazer:

- Conversar sobre Educação Financeira é um tema que deixa as pessoas constrangidas e desconfortáveis. Por isso, temos que ter respeito e acolhimento para conversar com alguém que precisa de ajuda.

- Não se preocupe em justificar o porquê de hoje estar em um cenário de vida financeira tão desafiador. Nossa obrigação, como Educador Financeiro, é ajudar você a ter autonomia financeira.

- Precisamos conhecer os números do nosso negócio, da mesma forma que nos dedicamos aos produtos e serviços. O objetivo do empreendedor é ter lucro e isso requer dedicação para unir negócios e gestão financeira e, assim, alcançar sua autonomia.

- Não estamos numa aula de Matemática, portanto, trabalhar a educação do seu comportamento financeiro não requer fórmulas. Uma folha de papel, caneta e um tempo para conversarmos bastam.

- Procure um profissional de Educação Financeira quando achar necessário. Não adianta avaliar a quantidade de seguidores que ele tem e de postagens realizadas. A segurança e a relação de confiança não têm preço! Pesquise com calma.

As abordagens mencionadas permitem que as empreendedoras percebam que ali consta um profissional que está disposto a ouvi-las. Estamos falando sobre gente que atua cuidando de gente.

CONHECENDO AS NECESSIDADES

Ouvi alguns relatos de empreendedoras que buscaram orientações e isso me faz persistir na missão de disseminar o conhecimento do comportamento financeiro, com o objetivo de ajudar as pessoas a ter autonomia nessa área.

Primeiramente, é importante reforçar que essas mulheres – ou qualquer outra mulher – não podem ser julgadas, tampouco elas precisam apresentar justificativas sobre o *status* atual da sua vida financeira.

Elas querem falar sobre sua história de vida e nós precisamos ouvir. Ao buscarem orientação financeira com um profissional que lhes inspire confiança, as mulheres empreendedoras precisam inicialmente de acolhimento e compreensão. Observem quatro casos interessantes, para sua reflexão:

Caso 1 – Falta de apoio: empreendedora casada há mais de 10 anos começou a atuar junto com o marido na área comercial. Percebi que o negócio precisa claramente de organização e controles financeiros. A vida da empresa corre riscos, mas ela não consegue o apoio do marido para conseguir contratar um profissional que a ensine a realizar a gestão financeira da empresa. Os dias passam e o problema continua. Como a empresa avança com lucro, porque sabem que todo mês sobra dinheiro, o seu esposo não vê necessidade de "gastar dinheiro" com consultor financeiro. Esta falta de apoio consome a empreendedora e faz com que ela se sinta incapaz de conseguir gerir as finanças da sua empresa.

Caso 2 – Medo de ser julgada: advogada há mais de 10 anos vive em uma intensa ansiedade por causa da sua vida financeira. Desconhece os seus ganhos, gastos e pagamentos mensais. Não consegue se organizar e gasta sem se preocupar em ter reservas financeiras. Passa alguns dias arrependida pelas compras, porque tem como princípio nunca deixar seus cartões ficarem inadimplentes. Evoluiu em carreira solo com pouca participação familiar, e acredita que por falta de orientações maternas vive em constante desequilíbrio. Sabe que precisa de ajuda, mas sempre teve vergonha de procurar um profissional por medo de ser julgada.

Caso 3 – Quase chegou ao extremo: dona de dois salões de beleza, essa empreendedora tentou o suicídio duas vezes. Mas graças a Deus não conseguiu seguir com esses planos e promete não fazer isso novamente. Revela que sofreu agressão patrimonial do seu ex-marido, teve que assumir as despesas e cuidados de uma criança e, hoje, tenta se refazer dos prejuízos financeiros e emocionais. Sua constante luta nos salões por vezes "se recompensa" por meio de novos gastos. Ela também os considera desnecessários, mas não está conseguindo parar de gastar com supérfluos.

Caso 4 – Sem visão de futuro: esteticista há quase cinco anos, casada há mais de sete anos, essa empreendedora tem elevado gradativamente o seu faturamento, bem como sua carteira de clientes e sua marca. No entanto, apesar de registrar cuidadosamente seu fluxo de caixa diário, ela não consegue ter consciência de como está sua vida financeira e a de sua empresa. Suas aflições estão pautadas sobre o futuro, que ela não consegue planejar porque desconhece como fazer. Quer ter reservas, quer investir, quer crescer. Mas a aflição só aumenta ao ser questionada: crescer para quanto e quando?

Apenas quatro casos e podemos compreender que são muitos os desafios enfrentados. Desafios reais que se sobrepõem às diversas hipóteses sobre os motivos que levam uma empreendedora a estar com a vida financeira desequilibrada. Existem pessoas e situações que atravessaram a vida dessas mulheres, dessas empreendedoras.

As histórias de vida contadas nos encontros e interações nos trazem informações impressionantes. Ao trabalhar com Educação Financeira, o profissional precisa ter consciência de que não atua num segmento de fácil consumo, tampouco é algo considerado agradável de querer consumir.

É um trabalho contínuo, que precisa demonstrar segurança, respeito, acolhimento e compreensão para com um público que já enfrenta, em sua rotina, diversos desafios emocionais, pessoais e profissionais.

Mas o que fazer para conseguir ajudar essas mulheres – e você, como empreendedora –, a querer se organizar financeiramente?

- **Inicialmente, informar que o dinheiro** não é algo separado da vida. Desde que acordamos até o horário de dormir, estamos consumindo dinheiro. Logo, ele precisa ser visto como um recurso para obtenção de sonhos e metas. E, principalmente, é necessário compreender que ele não serve apenas para satisfazer vontades e desejos.

- **Acolher a mulher com seus medos,** desafios e problemas, deixando-a falar sobre sua vida, sua história pessoal e profissional. Sabemos que as mentorias e consultorias são feitas a partir do momento em que profissional e empreendedora se encontram, mas deixá-la falar sobre sua história ajuda a conhecer quem é a cliente, bem como ajuda a cliente a conhecer o profissional.

- **Informar que o trabalho precisa ser em conjunto** e que os resultados serão proporcionais à dedicação, comprometimento e foco dos envolvidos.

Estando com as expectativas alinhadas, chegou a hora de falar com a empreendedora sobre a gestão financeira do seu negócio, para que ela possa, gradativamente, criar sua própria rotina em sua vida e na sua empresa.

CHECK-UP DO FATURAMENTO

A mulher empreendedora que obtém, analisa e compreende as informações sobre vendas ou prestação de serviços da sua empresa, bem como tem uma gestão financeira organizada, tende a gerar crescimento e sustentabilidade para o seu negócio. Sim, devemos ter essa consciência: você pode ter os melhores produtos e serviços, porém, sem uma gestão financeira organizada e prática de ser utilizada, seu negócio pode morrer, mesmo tendo crescido com velocidade. Sem informação, não há gestão!

Abaixo criamos um passo a passo que ajudará a mulher empreendedora a organizar a movimentação financeira do seu negócio e, consequentemente, a tomar decisões assertivas e estruturadas:

1. **Possuir ferramentas de controle financeiro.** Você pode anotar as informações relacionadas a tudo que ganha, paga e gasta na sua

empresa num caderno ou num livro caixa comprado em uma livraria próxima da sua empresa. Mas é importante saber que hoje temos opções digitais de fácil utilização e com baixo custo mensal, seja por meio de um aplicativo ou comprando planilhas eletrônicas prontas, ou até mesmo obtendo uma licença de uso de um sistema. Atualmente, os valores cobrados para ter acesso a sistemas gerenciais de controle empresarial são bem acessíveis. A empreendedora tem a oportunidade de pagar um valor considerado baixo, ou seja, a partir de R$ 50,00, e ter a oportunidade de controlar seu financeiro em tempo real.

2. Conhecer os ganhos do seu negócio e suas formas de classificação. Você conhece seu faturamento? Acredito que sim. Mas você consegue analisar seu faturamento em diferentes ângulos: por tipo de serviço/produto, de acordo com a forma de pagamento e por tipo de cliente?

3. Faturamento por forma de pagamento. E se descobrisse o valor do seu faturamento classificando por forma de pagamento: dinheiro, Pix, cartão de crédito, cartão de débito, boleto e cheque? Dessa forma, você conseguirá analisar a forma como o dinheiro entra na sua empresa e descobrir sua necessidade de capital de giro. Muitas vezes, a dificuldade do negócio está na forma como esse faturamento entra nas contas da empresa. Descubra estas informações e terá uma outra análise sobre seu negócio!

4. Faturamento por tipo de cliente. Você também pode classificar seu faturamento por tipo de cliente: PF ou PJ, por exemplo, ou por localização, idade, faixa de renda. Essa iniciativa ajudará a conhecer seu cliente e a identificar oportunidades para ampliar sua carteira, seja expandindo seu negócio para outros bairros ou até por outros municípios e estados.

5. Faturamento por classificação de produtos/serviços. Agora, vamos verificar seu faturamento mensal por classificação de produtos e/ou serviços, com o objetivo de identificar os preferidos pelos clientes? Quando a empresa conhece os produtos e serviços mais vendidos e consegue negociar melhores preços com seus fornecedores, conseguirá realizar melhorias evolutivas nestes produtos/serviços e garantir um maior faturamento com lucratividade.

6. Comparar faturamento esperado com faturamento realizado. Para finalizar, convido-a a analisar o faturamento realizado em seu negócio no mês, comparando-o com a meta que foi estabelecida. Não existe meta igual todo mês, todo negócio possui sazonalidade, mas quando você tem consciência do quantitativo esperado em vendas de produtos/serviços por mês, consegue estimar com segurança o faturamento.

Percebe que é um fluxo possível de ser realizado? Essa é uma maneira didática para ajudar a compreender o faturamento em diferentes formas, que proporcionará uma visão nova, com mais oportunidades de crescimento, desenvolvimento e sustentabilidade.

Os empreendedores, em sua maioria, só se preocupam em saber o valor total do faturamento e já correm para o próximo mês. Não deixe que a vida a atropele, seja você a dona da sua empresa, tanto em relação ao negócio quanto em relação às finanças.

ADMINISTRANDO O DINHEIRO COM EDUCAÇÃO FINANCEIRA

Agora que você sabe o faturamento, que tal conhecer o padrão de vida da sua empresa? Padrão de vida não está relacionado ao ganho e, sim, aos pagamentos e gastos realizados no cotidiano.

Convido-a a conhecer algumas orientações que proporcionam um controle financeiro prático e de fácil compreensão:

a) Primeiro defina qual o lucro esperado. Aqui está a solução para a vida financeira da sua empresa: você definir qual valor deseja ter de lucro. Esse valor servirá de estímulo para a gestão financeira do seu negócio. Você pode até continuar com o mesmo faturamento, mas é a forma de gestão dos pagamentos e gastos que deverão ser ajustados. É você quem dirá quanto quer ter de lucratividade depois de todas as contas pagas.

b) Separe as contas PF e PJ. Faça uma análise das suas despesas pessoais, corte o que puder, reduza o que for necessário. Sobre esse total, inclua um valor destinado para sua reserva estratégica pessoal. Com base no seu orçamento pessoal, defina um valor fixo para ser retirado todo mês. Cuidado! A empresa precisa ter condições de pagar esse valor que você determinou, independentemente de conseguir ou não bater a meta de faturamento.

c) Valor da retirada da sócia-proprietária incluso no Fluxo de Caixa da Empresa. Inclua o valor do salário/pró-labore como despesa no fluxo de caixa da empresa. Fluxo de caixa é um controle da movimentação financeira da sua empresa, em que diariamente ou por período a empreendedora saberá todos os ganhos, pagamentos e gastos do seu negócio. E o valor que será retirado para o sócio é um dos motivadores para que ele intensifique suas estratégias de venda, prestação de serviços, melhorias contínuas, capacitação profissional, dentre outras ações.

d) Registre todos os custos variáveis mensais da empresa: fornecedores à vista e parcelados, impostos oriundos de compra e venda, frete, embalagens. Custos variáveis são todas as despesas, desde a aquisição, elaboração e fabricação até a entrega do produto/serviço ao cliente. Todos esses custos devem compor o preço do produto/serviço. Perceba que até as vendas realizadas no cartão de crédito possuem um custo com a taxa da sua maquininha e essa quantia precisa ser conhecida para que seja incluída no preço do produto.

e) Registre todas as despesas fixas da empresa. Identifique todas as despesas fixas: aluguel, contas de consumo (água, luz, internet e telefone), parcelas de empréstimos, folha de pagamento, manutenções e o valor da sua retirada. Lembre-se de que para tudo que vender, o valor do produto/serviço deve ser o suficiente para cobrir todos os custos, despesas fixas e ainda garantir o lucro esperado.

f) De posse dessas informações, é possível tomar decisões. Agora que você já sabe qual o lucro que você quer ter e o valor total que sua empresa possui de compromisso financeiro mensal, já podemos definir uma meta de faturamento, não é? É a partir da meta que precisamos previamente conhecer clientes, produtos, forma de pagamento, custos e despesas do negócio.

Os dados financeiros gerados num negócio não servem apenas para fins de controle de receitas e despesas. As decisões de expansão, redução ou manutenção do negócio serão bem mais assertivas quando você realmente conhecer a vida financeira da empresa.

Começamos pela compreensão e acolhimento, na sequência trouxemos o conhecimento financeiro para que você busque um novo comportamento financeiro pessoal e empresarial. Não há outra pessoa no mundo capaz de mudar sua vida a não ser você!

Agora, você tem informações básicas que vão ajudar a tomar decisões nos próximos capítulos da sua vida pessoal e empresarial. São informações valiosas que, sendo bem analisadas, poderão gerar *insights* e estratégias que tendem a melhorar consideravelmente a visão sistêmica sobre a sua vida e o seu negócio, auxiliando-a a tomar decisões mais assertivas e sustentáveis. Bons negócios!

Instagram: **@emanuelamota. financas**
LinkedIn: **Emanuela Rocha Mota**

REFERÊNCIAS BIBLIOGRÁFICAS

ITAÚ, 2020. *Estudo Dinheiro Tabu*. Disponível em: chrome-extension://efaidnbmnnnibpcajpcglclefindmkaj/https://www.itau.com.br/_arquivosestaticos/Itau/estudo-tabu-dinheiro-educacao-financeira.pdf.

Global Entrepreneurship Monitor GEM, 2023. *Empreendedorismo no Brasil 2023*. Disponível em: chrome-extension://efaidnbmnnnibpcajpcglclefindmkaj/https://datasebrae.com.br/wp-content/uploads/2024/03/Relatorio-Executivo-GEM-BR-2023-2024-Diagramacao-v5.pdf

SEBRAE, 2024. *Relatório Técnico Empreendedorismo Feminino 4º Trimestre de 2023*. Disponível em: chrome-extension://efaidnbmnnnibpcajpcglclefindmkaj/https://datasebrae.com.br/wp-content/uploads/2024/04/2024-04-02-relatorio_empreendedorismo_feminino_202304.pdf

SERASA, 2024. *Relevância das Mulheres nas Finanças das Famílias Brasileiras – 2024*. Disponível em: chrome-extension://efaidnbmnnnibpcajpcglclefindmkaj/https://cdn.builder.io/o/assets%2Fb212bb18f00a40869a6cd42f77cbeefc%2F32a6ba02de9f44e0961c4511c428f9d8?alt=media&token=01572ffb-be11-42f5-9f03-270bec7d4588&apiKey=b212bb18f00a40869a6cd42f77cbeefc

SERASA, 2023. *88% das mulheres têm participação nas finanças da casa*. Disponível em: https://www.serasa.com.br/imprensa/88-porcento-das-mulheres-tem-participacao-nas-fincancas-da-casa/

DIEESE, 2023. *As dificuldades das mulheres chefes de família no mercado de trabalho*. Disponível em: chrome-extension://efaidnbmnnnibpcajpcglclefindmkaj/https://www.dieese.org.br/boletimespecial/2023/mulheres2023.pdf

IBGE 2024. *Estatísticas de Gênero: Indicadores sociais das mulheres no Brasil*, 3ed. Disponível em: chrome-extension://efaidnbmnnnibpcajpcglclefindmkaj/https://biblioteca.ibge.gov.br/visualizacao/livros/liv102066_informativo.pdf

Mineira de Governador Valadares e criada em Engenheiro Caldas (MG), **Fernanda Cristina Cardoso Dias Ferreira** desde muito jovem demonstrou seu espírito empreendedor, vendendo itens que não eram mais utilizados em casa. Aos 12 anos, começou a fabricar e vender cocadas. Hoje, com 19 anos de experiência no mercado financeiro, especializou-se em ajudar pessoas a organizar suas finanças e alcançar autonomia financeira. É cristã, casada, mãe de dois meninos e uma menina, e atualmente mora em Timóteo (MG).

É graduada em Administração de Empresas na Faculdade de Administração de Governador Valadares e formada em Finanças Comportamentais e Educação Financeira, área em que agora é mestranda. Atualmente, dedica-se como Educadora Financeira, com foco no empoderamento financeiro de mulheres e famílias, para que possam viver de forma mais equilibrada e saudável.

Além de sua paixão pelo trabalho, Fernanda ama música e valoriza profundamente os momentos com sua família, com seus amigos e a conexão com Deus, sendo esses aspectos a base de sua felicidade e equilíbrio pessoal.

Fernanda acredita que com fé, disciplina e planejamento, todos podem alcançar seus objetivos financeiros e pessoais.

Fernanda Cristina Cardoso Dias Ferreira

EMPREENDEDORISMO E O PODER TRANSFORMADOR *da educação financeira*

Na trajetória do empreendedorismo, nós, mulheres empreendedoras, enfrentamos desafios únicos e encontramos oportunidades emocionantes para o crescimento e a realização. A Educação Financeira é fundamental para construir negócios sólidos e duradouros. Neste artigo, vamos explorar como esse conhecimento não só impulsiona o sucesso nos negócios, mas também fortalece nossa confiança e autonomia.

Vou compartilhar um pouco da minha própria jornada empreendedora, recheada de histórias pessoais e reflexões que moldaram minha visão sobre o empreendedorismo e a importância da Educação Financeira. Espero que minhas experiências inspirem outras mulheres a seguirem em frente, com confiança e determinação, em suas próprias jornadas empreendedoras.

DNA EMPREENDEDOR

Desde cedo, eu já demonstrava uma inclinação empreendedora. Lembro-me vividamente de um desejo simples que acendeu essa chama: ter um violão. Naquela época, meus pais não tinham os recursos necessários para realizar esse sonho. Foi então que me vi diante de uma pergunta que mudaria minha vida: como posso transformar essa necessidade em uma oportunidade?

Aos 10 anos, tomei uma decisão que talvez tenha sido o primeiro grande passo na minha jornada empreendedora. Nossa casa ficava exatamente em frente ao Banco BEMGE, e eu havia transformado a mesa de centro da minha mãe em uma "lojinha" improvisada na calçada. Certo dia, um cliente veio até minha lojinha querendo comprar uma sunga. Eu não tinha nenhuma sunga para vender, mas não queria deixar o cliente ir embora sem ser atendido.

Olhei para dentro de casa e vi a sunga nova do meu pai, ainda com a etiqueta. Pensei rapidamente e tive a ideia de pegá-la para vender. Depois, expliquei ao meu pai que, se o cliente fosse embora sem ser atendido, ele poderia nunca mais voltar ou iria procurar uma loja. Meu pai, compreendendo a importância daquele momento para mim, não ficou bravo. Ao contrário. Ele falou: "tem futuro essa menina". Depois disso, meu pai encomendou à minha prima Juliana, que era aeromoça, que trouxesse de São Paulo vários itens para eu vender em minha lojinha. Sobre a venda da sunga, foi um gesto simples, mas que significou muito. Eu queria conquistar o cliente, mostrar que estava pronta para atender suas necessidades, mesmo que isto significasse improvisar.

Mais do que isso, essa experiência me ensinou que os desafios podem ser transformados em oportunidades, se tivermos a visão e a coragem para enxergá-los dessa forma.

Mas não estive sozinha nesse começo. Meu pai desempenhou um papel crucial, não apenas como espectador orgulhoso, mas como mentor que reconheceu e incentivou o potencial empreendedor em mim. Ele não apenas me deu espaço para experimentar, mas também ofereceu suporte e orientação ao longo do caminho. Essa combinação de determinação pessoal e apoio familiar foi fundamental para consolidar meu espírito empreendedor desde os primeiros passos. E você, já identificou alguma oportunidade em meio aos desafios que enfrentou? Como você transformou essas dificuldades em algo positivo?

PRÓXIMO EMPREENDIMENTO: COCADAS

A minha jornada empreendedora não se limitou apenas à venda improvisada de uma sunga. A partir desse momento inicial, surgiram inúmeras oportunidades para explorar e desenvolver minhas habilidades empreendedoras.

Por exemplo, aos 12 anos, embarquei em uma nova empreitada ao mergulhar na produção artesanal de cocadas. Em um mundo onde a maioria das crianças estaria preocupada apenas com brincadeiras, eu estava dedicando meu tempo e energia na extração da água de coco e no preparo dessas deliciosas iguarias. Mas por trás desse trabalho árduo estava uma valiosa lição: a importância de mergulhar de cabeça em nossos empreendimentos, mesmo que isso signifique enfrentar desafios e realizar tarefas aparentemente simples.

Essas experiências na infância não apenas sustentaram meu crescimento, mas também moldaram habilidades práticas e valiosas ligadas ao empreendedorismo. Olhando para trás, percebo como esses momentos foram essenciais para construir uma base sólida de conhecimento e confiança em minhas capacidades empreendedoras.

E você, já encontrou oportunidades de empreender em meio às suas próprias experiências? Como elas moldaram sua visão sobre o empreendedorismo e contribuíram para o seu crescimento pessoal e profissional?

APRENDIZADOS DA INFÂNCIA E ADOLESCÊNCIA

Na minha infância, cada desafio que enfrentei foi uma oportunidade para desenvolver meu espírito empreendedor. O desejo ardente de ter um violão, mesmo diante das limitações financeiras, foi o catalisador para encontrar soluções criativas. Transformar a mesa da sala em uma lojinha improvisada e vender uma sunga não foi apenas sobre ganhar dinheiro, mas também sobre aprender a importância da determinação e da coragem para enfrentar os obstáculos.

Mais do que nunca, percebi que cada desafio era uma oportunidade disfarçada, esperando para ser descoberta e explorada. E o apoio do meu pai e da minha mãe foi como um farol, guiando-me através desses momentos desafiadores e fortalecendo minha confiança e determinação. Eles não apenas me incentivaram a seguir em frente, mas também me deram as ferramentas e o suporte necessários para transformar meus sonhos em realidade.

Essas experiências moldaram meu caráter empreendedor e me ensinaram lições valiosas que carrego comigo até hoje. Aprendi que a resiliência e a determinação são fundamentais para superar os obstáculos, e que cada desafio é uma oportunidade para crescer e aprender. E você, quais foram os desafios que enfrentou na sua infância e na adolescência e como eles moldaram sua visão sobre o empreendedorismo?

LIÇÕES PRÁTICAS SOBRE EMPREENDEDORISMO

Durante a adolescência, a necessidade de gerar renda me levou a explorar novas formas de empreendedorismo. Um dos empreendimentos mais marcantes foi a já mencionada produção artesanal de cocadas. Não era apenas uma atividade para ganhar dinheiro, mas uma verdadeira escola prática de negócios.

Tudo começou quando percebi que o coco, um recurso abundante e acessível, poderia ser transformado em um produto comercializável. Eu e minha família nos dedicávamos à produção desde o início: quebrávamos os cocos, extraíamos a água e a polpa, e preparávamos as cocadas de forma artesanal. Esse processo me ensinou a importância do trabalho em equipe e da divisão eficiente de tarefas.

A gestão de recursos foi uma das primeiras lições práticas que aprendi. Tínhamos que ser cuidadosos com os ingredientes, garantindo que nada fosse desperdiçado. Essa experiência me ensinou a valorizar cada centavo investido e a buscar sempre a melhor relação custo-benefício. Lembro-me de calcular cuidadosamente o custo de cada ingrediente e de quanto poderíamos vender as cocadas para garantir um lucro justo.

O planejamento financeiro também foi uma habilidade crucial que desenvolvi nessa época. Precisávamos definir um orçamento, prever gastos e ajustar as finanças conforme as vendas. Aprendi a importância de manter um controle rigoroso das receitas e despesas, algo essencial para qualquer empreendimento. Anotávamos todas as vendas e despesas em um caderno, o que me ensinou a importância da organização financeira.

Outra lição valiosa foi a importância de reinvestir os lucros. Em vez de gastar o dinheiro ganho, decidíamos reinvesti-lo na compra de mais ingredientes e na melhoria do processo de produção. Isso nos permitiu aumentar gradualmente a produção e melhorar a qualidade das cocadas. Com o tempo, nossas cocadas ficaram conhecidas na vizinhança e as vendas aumentaram.

Esse empreendimento me proporcionou habilidades práticas que foram fundamentais para minha formação empreendedora. Aprendi a lidar com clientes, a negociar preços e a promover nossos produtos. Cada interação com um cliente era uma oportunidade para melhorar minhas habilidades de comunicação e negociação.

As experiências na produção de cocadas não apenas sustentaram minha juventude, mas também foram a base para meu desenvolvimento como empreendedora. Elas me ensinaram lições práticas sobre gestão de recursos, planejamento financeiro e reinvestimento, que são essenciais para qualquer negócio. E você, já teve alguma experiência semelhante na juventude que ajudou a moldar suas habilidades empreendedoras? Como essas lições práticas influenciaram sua trajetória?

REFLEXÕES SOBRE A JORNADA

À medida que avançava para a vida adulta, as lições aprendidas durante minha juventude tornaram-se ainda mais claras e significativas. Refletindo sobre essas experiências, vejo como elas moldaram minha visão sobre empreendedorismo e Educação Financeira de maneira profunda e duradoura.

Lembro-me de quando decidi levar meu pequeno negócio de cocadas para outro nível. Já tinha uma clientela fiel na vizinhança, mas queria expandir. Foi então que percebi a importância do *marketing*. Comecei a pensar em como poderia atrair mais clientes e aumentar as vendas. Decidi criar embalagens mais atraentes, fizemos um adesivo com nome para as "Cocadas FAMP" (Fernanda, Adair, Miriam e Pamella, eram as minhas iniciais do meu nome, o da minha irmã e os dos meus pais) e comecei a distribuir amostras grátis em eventos locais. Isso aumentou a visibilidade do meu produto e trouxe novos clientes.

Outra reflexão importante foi sobre a importância do *networking*. Ao participar de feiras e eventos comunitários, conheci outros empreendedores e aprendi com suas experiências. Trocar ideias e ouvir conselhos me ajudou a evitar erros e a melhorar meu negócio. Um exemplo prático foi quando um colega empreendedor me ensinou a negociar melhor com fornecedores, conseguindo preços mais vantajosos para os ingredientes das cocadas.

A gestão financeira continuou a ser uma área crucial. Na adolescência, aprendi a controlar receitas e despesas de maneira simples, mas ao entrar na vida adulta, percebi a necessidade de um planejamento financeiro mais sofisticado. Investi tempo em aprender sobre fluxo de caixa, reservas estratégicas e planejamento de longo prazo. Lembro-me de uma situação específica em que precisei decidir entre reinvestir os lucros em uma nova linha de produtos ou guardar esse dinheiro como reserva. A análise cuidadosa dos prós e contras me ajudou a tomar uma decisão bem embasada, equilibrando crescimento e segurança financeira.

Outro aspecto fundamental foi entender a importância de se adaptar às mudanças do mercado. Houve um período em que as vendas das cocadas diminuíram devido à concorrência. Em vez de desanimar, usei essa situação como uma oportunidade para inovar. Pesquisei novas receitas e adicionei sabores diferentes às minhas cocadas, como coco com maracujá e coco com chocolate. Essa diversificação atraiu um novo público e revitalizou as vendas.

Refletindo sobre minha jornada, vejo como essas experiências práticas foram essenciais para desenvolver habilidades empreendedoras robustas. Investir em Educação Financeira e incentivar o espírito empreendedor desde cedo são passos vitais para construir bases sólidas para um futuro financeiro sustentável. Cada lição, cada desafio superado, contribuiu para uma compreensão mais profunda de como gerenciar e expandir um negócio com sucesso.

Essas reflexões reforçam a importância de compartilhar nossas histórias e aprendizados com outras empreendedoras. Acredito que, ao fazer isso, podemos inspirar e capacitar outras mulheres a perseguirem seus sonhos e a construírem seus próprios caminhos de sucesso.

EDUCAÇÃO FINANCEIRA COMO FERRAMENTA DE EMPODERAMENTO

A Educação Financeira é um pilar fundamental no empoderamento feminino, especialmente no contexto do empreendedorismo. Ela capacita as empreendedoras a tomarem decisões financeiras embasadas e assertivas, o que é essencial para a sustentabilidade e o crescimento de seus negócios. O conhecimento financeiro pode transformar desafios em oportunidades e fortalecer a resiliência empreendedora.

Um exemplo prático da importância da Educação Financeira é a habilidade de gerenciar o fluxo de caixa. No início da minha jornada tive que aprender a equilibrar receitas e despesas para garantir que sempre houvesse capital de giro suficiente. Conhecimentos básicos sobre contabilidade, como a compreensão de balanços e demonstrações de resultados, me ajudaram a monitorar a saúde financeira do meu negócio e a identificar áreas que precisavam de ajustes.

Outra área crítica é a elaboração de um orçamento detalhado. Aprendi a prever ganhos e gastos, o que me permitiu planejar melhor os investimentos necessários para o crescimento. Por exemplo, ao decidir expandir a produção de cocadas, precisei calcular cuidadosamente os custos adicionais de ingredientes, embalagens e *marketing*. Ter um orçamento claro me permitiu ver se a expansão era viável e identificar quando seria o momento certo para reinvestir os lucros.

O planejamento financeiro de longo prazo também é crucial. A criação de um fundo de reserva foi uma das lições mais valiosas que aprendi. Esse fundo me permitiu enfrentar períodos de baixa nas vendas sem comprometer a operação do negócio. Além disso, pude investir em formação e treinamento, o que aprimorou minhas habilidades e me preparou melhor para desafios futuros.

A Educação Financeira também me ajudou a entender a importância do crédito e dos empréstimos. Em um momento de necessidade de capital para a expansão, precisei avaliar diferentes opções de financiamento. Com o conhecimento adquirido, pude analisar as taxas de juros, as condições de pagamento e o impacto no fluxo de caixa, escolhendo a melhor opção para meu negócio. Isso evitou que eu contraísse dívidas impagáveis e garantiu que os empréstimos fossem utilizados de forma estratégica.

Além dos aspectos técnicos, a Educação Financeira promove uma mentalidade resiliente e proativa. Enfrentar desafios financeiros, como períodos de baixa liquidez ou necessidade de investimentos imprevistos, exige uma abordagem calma e calculada. Desenvolver um plano financeiro de contingência e revisá-lo regularmente tornou-se uma prática constante, permitindo-me antecipar problemas e tomar medidas preventivas.

O conhecimento financeiro também me permitiu negociar melhor com fornecedores e parceiros. Entender o valor real dos produtos e serviços que adquiria me deu confiança para negociar preços e condições de pagamento mais favoráveis, o que impactou positivamente a margem de lucro e a sustentabilidade do negócio.

Em suma, a Educação Financeira é uma ferramenta poderosa que não apenas capacita as empreendedoras a gerir suas finanças com eficácia, mas também as prepara para tomar decisões estratégicas que promovem o crescimento e a resiliência de seus negócios. Ao investir em nossa Educação Financeira, estamos construindo um alicerce sólido que nos permite enfrentar desafios com confiança e transformar nossas visões empreendedoras em realidades prósperas.

ORIENTAÇÕES PARA ABRIR UM NEGÓCIO

Para empreendedoras iniciantes, é essencial ter orientações práticas que ajudem a começar com o pé direito. O primeiro passo é definir metas financeiras claras e alcançáveis. Por exemplo, ao iniciar meu negócio de cocadas, estabeleci uma meta de vendas semanal, o que me ajudou a focar nas atividades que geravam receita e ajustar minhas estratégias conforme necessário. Também é crucial elaborar um plano de negócios sólido que inclua análise de mercado, estratégias de *marketing*, projeções financeiras e planos de contingência. Manter um controle rigoroso das finanças é fundamental. No início, eu utilizava um simples caderno de anotações para registrar todas as entradas e saídas de dinheiro, o que me ajudou a monitorar a saúde financeira do negócio. Hoje, temos disponíveis *softwares* de contabilidade que automatizam esse processo, facilitando a gestão financeira e a tomada de decisões embasadas em dados.

Outro ponto importante é a separação das finanças pessoais e empresariais. Desde o início, abri uma conta bancária separada para o negócio, o que simplificou a contabilidade e garantiu que os recursos do negócio fossem utilizados exclusivamente para fins empresariais. Gerenciar o fluxo de caixa é vital; prever entradas e saídas de dinheiro ajuda a evitar surpresas desagradáveis. Durante um período de baixa nas vendas, pude ajustar minhas despesas e planejar promoções para atrair mais clientes. Reinvestir os lucros no negócio é uma estratégia de crescimento eficaz. Em vez de gastar todos os lucros, destinei uma parte para comprar equipamentos melhores e expandir minha linha de produtos, o que ajudou meu negócio a crescer de maneira sustentável.

Desenvolver habilidades de negociação é crucial. Negociar com fornecedores, clientes e parceiros pode impactar significativamente custos e receitas. A capacitação contínua também é essencial. Participei de cursos de finanças e *marketing*, o que me ajudou a implementar estratégias mais eficazes. Ler livros e participar de *workshops* e seminários fornecem novas perspectivas e mantêm você atualizada com as melhores práticas do mercado. Construir uma rede de contatos pode abrir portas e oferecer suporte valioso. Participar de eventos de *networking* e associações empresariais me conectou com outros empreendedores e mentores que me ofereceram conselhos práticos oportunidades de parceria.

Por fim, ser resiliente e adaptar-se às mudanças é essencial. O mercado está em constante evolução, e estar preparada para ajustar suas estratégias conforme necessário pode fazer a diferença entre o sucesso e o fracasso. Esses conselhos e orientações práticas são baseados nas minhas próprias experiências e desafios. Espero que, ao aplicá-los, você possa construir um negócio sólido, sustentável e preparado para crescer continuamente.

INSPIRANDO FUTURAS EMPREENDEDORAS

O exemplo é uma poderosa ferramenta de inspiração e acredito firmemente que as empreendedoras têm o poder de inspirar a próxima geração de mulheres líderes e inovadoras. Compartilhar nossas experiências e lições aprendidas pode ser um catalisador para outras mulheres que desejam seguir o caminho do empreendedorismo. Investir na Educação Financeira desde cedo é fundamental para preparar as futuras empreendedoras para um futuro promissor e capacitá-las a alcançar seus sonhos e aspirações.

Ao refletir sobre minha própria jornada, percebo a importância de ter modelos femininos fortes e acessíveis. Quando comecei a vender cocadas, fui incentivada pela visão de outras mulheres bem-sucedidas em suas empreitadas. Esse apoio foi crucial para minha confiança e determinação. Penso em como pequenas ações, como participar de feiras de negócios locais ou falar em eventos comunitários, podem impactar a vida de jovens meninas que estão observando e buscando inspiração.

Um exemplo prático do poder do exemplo foi quando ofereci uma oficina de empreendedorismo para adolescentes em uma escola local. Durante a oficina, compartilhei minha história, desde a venda das primeiras cocadas até a expansão do meu negócio. A atividade prática incluiu a criação de um plano de negócios simples e a simulação de vendas, em que as meninas puderam experimentar o que é ser uma empreendedora. Ver o brilho nos olhos delas e a empolgação em criar algo próprio foi uma experiência gratificante. Uma das participantes, que sonhava em abrir uma confeitaria, me procurou meses depois para dizer que havia começado a vender cupcakes para os vizinhos e já estava pensando em expandir.

Outro exemplo foi quando mentoreei uma jovem que estava começando seu próprio negócio de artesanato. Compartilhei com ela a importância de entender seus custos e precificar seus produtos adequadamente para garantir lucro. Juntas, analisamos suas despesas com materiais e discutimos estratégias de *marketing* para atrair mais clientes. Hoje, ela não só aumentou suas vendas, mas também reinveste parte de seus lucros para expandir sua linha de produtos.

Acredito que a Educação Financeira é uma ferramenta indispensável nesse processo de inspiração e capacitação. Ensinar conceitos básicos de finanças pessoais e empresariais pode fazer uma enorme diferença na vida das futuras empreendedoras. Em outra iniciativa, organizei um *workshop* sobre planejamento financeiro para jovens mulheres interessadas em empreender. Abordamos temas como orçamento, poupança, investimento e crédito. Uma das participantes, que estava enfrentando dificuldades para gerenciar as finanças de seu pequeno negócio de *design* gráfico, aplicou as técnicas aprendidas e conseguiu equilibrar suas contas e reinvestir em equipamentos melhores.

Além disso, é essencial fomentar um ambiente de apoio e colaboração entre mulheres empreendedoras. Criar redes de apoio em que possamos compartilhar desafios, soluções e sucessos fortalece nossa comunidade e oferece recursos valiosos para as que estão começando. Por exemplo, participar de grupos de *networking* específicos para mulheres empreendedoras me permitiu trocar experiências e obter *insights* fundamentais para o crescimento do meu negócio.

Por fim, inspirar futuras empreendedoras é também ser transparente e compartilhar não apenas os sucessos, mas também os desafios e as falhas. Mostrar que o caminho do empreendedorismo é repleto de altos e baixos, e que cada obstáculo superado é uma oportunidade de aprendizado e encoraja outras mulheres a persistirem em seus objetivos. Lembro-me de uma vez em que uma iniciativa de *marketing* não teve o retorno esperado. Em vez de desanimar, analisei o que deu errado e ajustei a estratégia, o que levou a uma campanha bem-sucedida posteriormente.

Inspirar futuras empreendedoras é uma responsabilidade e uma honra. Por meio do exemplo, da Educação Financeira e do apoio mútuo, podemos capacitar a próxima geração a alcançar seus sonhos e a construir negócios prósperos e sustentáveis. Juntas, podemos criar um legado de mulheres fortes, independentes e inovadoras no mundo dos negócios.

O PODER TRANSFORMADOR DA EDUCAÇÃO FINANCEIRA

Refletir sobre a importância da Educação Financeira para empreendedoras é reafirmar o potencial transformador desse conhecimento. Ao longo da minha trajetória, percebi como cada lição aprendida e cada estratégia aplicada contribuíram para a minha Independência Financeira e para o sucesso nos negócios.

Penso nas várias etapas da minha jornada e como cada uma delas foi marcada pela aplicação prática da Educação Financeira. No início, aprender a controlar ganhos e gastos com métodos simples, como anotar todas as transações em um caderno, foi crucial para entender a saúde financeira do meu negócio.

A importância de separar as finanças pessoais das empresariais foi outra lição prática essencial. Quando abri uma conta bancária separada para o meu negócio, simplifiquei a contabilidade e assegurei que os recursos fossem utilizados exclusivamente para fins empresariais. Essa prática me ajudou a manter uma gestão financeira mais organizada e eficiente, evitando confusões e garantindo que o dinheiro do negócio fosse reinvestido de forma estratégica.

O planejamento financeiro a longo prazo também teve um impacto significativo. Criar um fundo de reserva foi essencial. A negociação com fornecedores foi outra área em que a Educação Financeira fez a diferença. Lembro-me de uma negociação específica com um fornecedor de coco, em que consegui reduzir os custos dos ingredientes em 15%. O desconto aumentou minha margem de lucro e me deu a oportunidade de reinvestir esse recurso em outras áreas do negócio, como *marketing* e desenvolvimento de novos produtos.

Investir em *marketing* foi outro passo importante. Ao criar embalagens mais atraentes e distribuir amostras grátis em eventos locais, como já mencionei, consegui aumentar a visibilidade do meu produto e atrair novos clientes. Essa estratégia simples, mas eficaz, demonstrou como a aplicação de princípios financeiros e de *marketing* pode impulsionar o crescimento do negócio.

Além das práticas financeiras, a criação de uma rede de apoio foi fundamental. Participar de grupos de *networking* e associações empresariais me conectou com outros empreendedores e mentores. Essa rede de apoio não só me forneceu *insights* valiosos, mas também fortaleceu a minha resiliência e a capacidade de enfrentar desafios.

Ao compartilhar essas experiências e aprendizados, espero inspirar outras mulheres a perseguirem seus sonhos empreendedores com confiança e determinação. A Educação Financeira é uma ferramenta poderosa que capacita mulheres a tomarem decisões bem embasadas, enfrentarem desafios com resiliência e construírem negócios sustentáveis e prósperos.

Ao investir na Educação Financeira de mulheres empreendedoras, estamos não apenas transformando vidas individuais, mas também contribuindo para um mundo mais justo e inclusivo. Cada mulher capacitada é um passo em direção a uma sociedade em que todos tenham a oportunidade de alcançar seu potencial máximo. Acredito firmemente que juntas podemos construir um futuro em que o empreendedorismo feminino floresça ainda mais e se torne um motor de inovação e progresso para todos.

LinkedIn: **Fernanda Ferreira, Ferreira CFP®, CNPI-P**
Instagram: **@fernandaeducafinancas**

Formada em Turismo pela Faculdade UniverCidade, pós-graduada em Educação Financeira – **Metodologia DSOP** pela Unoeste e concluindo o curso de História na Universidade Estácio de Sá, **Juliana Costa** acredita que o ensino da educação financeira e a capacitação e o incentivo às mulheres para o empreendedorismo feminino podem transformar vidas e mudar histórias.

A empreendedora social sonha e quer democratizar a educação financeira para mulheres e crianças, por meio de cursos pela internet pagos e também gratuitos.

Sua missão é inspirar mulheres a construírem suas próprias histórias de sucesso, proporcionando as ferramentas necessárias para a independência financeira. Com a mensagem – "Seja a inspiração de uma outra mulher através da sua transformação de vida" –, Juliana está modificando realidades e construindo um futuro mais justo para todas.

Entre os cursos que realizou, constam ainda o de técnico em guia de turismo pelo Centro Integrado de Estudos em Turismo e Hospitalidade (CIETH); de formação pedagógica: Empreendedorismo e BNCC (Base Nacional Comum Curricular), pelo SEBRAE; de empreendedorismo digital feminino e o de programação neurolinguística (PNL). É membro da Associação Brasileira de Profissionais de Educação Financeira (ABEFIN).

Juliana Costa

UMA HISTÓRIA DE EMPREENDEDORISMO, *foco e superação*

O empreendedorismo feminino é uma força poderosa, que está transformando o mundo. Se você se dedicar com paixão e persistência, contar com um propósito claro e tiver o conhecimento técnico e as informações corretas, estará no caminho certo para construir um negócio com sucesso, realizar seus sonhos e inspirar outras mulheres a fazer o mesmo. Lembre-se disso: só você tem o poder de fazer a diferença em sua vida. Como fiz na minha.

Tenho 40 anos de idade, sou divorciada, canceriana, cristã, mãe de um casal de filhos, corredora amadora e completamente apaixonada pela vida, por viagens, por gastronomia e por educação financeira, que é o meu xodó, minha galinha dos ovos de ouro. E que sempre esteve presente na minha vida.

Sou empreendedora, palestrante, investidora, administradora e, atualmente, professora. Faço consultorias personalizadas de planejamento e finanças pessoais para pessoas físicas e também para empresas privadas – nesse caso, sobre como orientar seus funcionários a terem controle financeiro sobre o salário e a fazer planejamento financeiro. Entre tantos compromissos, ainda comercializo produtos na internet. E trabalho como voluntária em uma ONG em que fazemos oficinas, palestras e debates com crianças sobre prevenção à violência infantil e ao abuso sexual.

Há tempo para tudo isso? Sim. O empreendedorismo é o entusiasmo da alma. Além de todas as minhas atividades, pretendo mais adiante dedicar-me à literatura, com foco em educação financeira para crianças, e a orientar mulheres a conquistar sua independência financeira e também a colocar o foco e a disciplina no lugar certo, investindo no maior patrimônio pessoal que elas têm: elas mesmas.

SONHOS E OS PRIMEIROS TRABALHOS

Nasci em um subúrbio do Rio de Janeiro, em Bonsucesso. Morei no Morro do Alemão ainda bebê, até que minha mãe, empregada doméstica e dona de muita habilidade em administrar dinheiro, conseguiu juntar sozinha um determinado valor para comprar um terreno com uma pequena casa velha em uma cidade chamada Itaboraí. Meu pai era ausente. Ainda bebê, fomos minha mãe, meu irmão e eu morar nessa cidade do interior. Minha mãe sempre foi meu exemplo de mulher honesta, guerreira, generosa e de fé inabalável.

Com 8 anos de idade, comecei a pedir brinquedos da moda, como patins, videogames e uma bicicleta Ceci. Minha mãe me explicou que dinheiro não se ganha de graça e, sim, se trabalha para ter direito a ele. Então, sugeriu que eu arrumasse a casa e, por esse trabalho, ela pagaria 2 cruzeiros, moeda da época. Assim comecei a ganhar meu primeiro dinheiro. Aos 9 anos, como eu desejava muito ter uma bicicleta, passei a fazer sacolés para vender. Na verdade, minha mãe fazia e eu a ajudava, vendia e pagava o custo do material gasto na produção. Em seis meses, consegui juntar mais de 100 reais.

Depois dessa experiência, nunca mais parei. Sempre criava metas e sonhos, desenhava meus desejos e colocava-os colados no meu armário, até conseguir realizá-los. Sempre conseguia. Eu já sabia que tinha de trabalhar para ganhar dinheiro e concretizar meus sonhos.

A educação financeira foi primordial, a grande virada de chave da minha vida e meu segredo de sucesso particular, pois com os ensinamentos da minha mãe, desde cedo aprendi a importância de saber utilizar o dinheiro da forma correta e a meu favor.

Aos 12 anos de idade, eu já estava acostumada a ganhar meu dinheiro. Minha mãe me apoiou e me ajudou. Ela se cadastrou na Avon e eu vendia os cosméticos e fazia os pedidos, através do cadastro do nome de minha mãe na empresa, e sempre criava estratégias para alcançar novos clientes. Assim fiz até meus 14 anos, sempre aumentando minha meta de vendas e aplicando o dinheiro para multiplicar. Antes de comprar qualquer coisa, eu já sabia analisar e me questionava se eu realmente precisava daquilo ou se poderia esperar, ou até mesmo não comprar.

APRENDENDO A ADMINISTRAR O DINHEIRO

Quando decidi que eu queria trabalhar no comércio, na cidade de São Gonçalo, fui à famosa Rua da Feira e deixei meu currículo em todas as lojas. Como era menor de idade, precisei que minha mãe se responsabilizasse e assinasse por mim. Consegui um emprego de período integral, o que atrapalhava um pouco meus estudos. Fui ótima vendedora e ganhei meu dinheiro dignamente. Seis meses depois, pedi para sair e consegui outro emprego, para ser animadora de festas só nos fins de semana, assim não atrapalhava meus estudos. Vivi momentos incríveis com crianças durante dois anos. Mas precisava de um trabalho certo e fixo, pois queria cursar faculdade.

Eu já tinha 18 anos. Meu irmão me indicou para ser secretária de uma pequena fábrica de treliças, e trabalhei lá por seis meses. Lembro como se fosse hoje: eu recebia o valor semanal de R$ 100, guardava R$ 75 e gastava apenas R$ 25. Fui muito feliz lá, até ser convidada para outro trabalho pelo corretor de seguros dos caminhões da fábrica de treliças. E lá fui eu, mergulhar em um novo desafio, em um escritório de seguros. A partir desse emprego fixo, eu consegui me matricular em uma graduação de Turismo. Eu pretendia cursar Administração ou Direito, mas fui passar férias em Minas Gerais e conheci um mineirinho que tinha feito faculdade de Turismo e trabalhava em cruzeiros. Ele me disse que era fantástica a vida de turismólogo, que ele curtia muito e viajava demais.

Encantada por essa possibilidade de trabalho, acabei optando por Turismo. Eu era muito jovem, sem vivência e maturidade. Ganhava R$ 351 e pagava R$ 315 de mensalidade. Foi uma época de muita dedicação e renúncia. Precisei pedir ajuda a minha mãe para pagar passagens, comprar livros e imprimir cópias de material.

PLANEJAMENTO E RESERVA DE EMERGÊNCIA

Sem a inteligência financeira que adquiri durante a minha infância e adolescência, com certeza eu teria me afundado em dívidas e trancado a faculdade. No entanto, não atrasei a mensalidade um mês sequer. Mas estava muito cansada de ir dormir por volta de 1 da manhã e acordar às 5 horas para ir trabalhar em outra cidade e, depois de um dia inteiro de trabalho, pegar condução lotada para assistir às aulas e ainda enfrentar uma fila gigante para pegar um ônibus intermunicipal, andar mais dois quilômetros a pé e chegar em casa pouco antes da meia-noite. Eu precisava fazer algo, ter uma segunda fonte de renda e também morar mais perto da faculdade.

Mais uma vez pensei positivo, orei com fé e fui para um shopping distribuir meus currículos de papel; trabalhando lá eu teria mais tempo para estudar. Tudo correu bem, até que um dia, voltando do shopping com uma amiga, fomos perseguidas por dois homens e corremos pedindo socorro em uma estrada. No dia seguinte, traumatizada, procurei ajuda e achei abrigo no apartamento de uma colega da faculdade. Fiquei lá por uma semana, até conseguir uma solução efetiva. Peguei minha pequena reserva de emergência, que na época eu chamava de poupança de emergência, e com uma colega fomos morar em uma quitinete no centro da minha cidade, onde eu fazia faculdade. Mas não fazia sentido eu morar e estudar em uma cidade e trabalhar em outra. Fiz as contas, valeria a pena ser mandada embora, pegar meu seguro-desemprego e tentar conseguir um novo emprego na minha cidade. Conversei com meu chefe, ele me entendeu e me mandou embora com todos os meus direitos garantidos. Eu pude não só adiantar mensalidades, como procurar emprego na minha área.

Mais uma vez, fui salva pela educação financeira. Com planejamento prévio, pude programar cada passo que eu iria dar e como eu iria me sustentar financeiramente durante o período que não estaria trabalhando.

FOCO NOS OBJETIVOS

Eu estava feliz e com qualidade de vida, estudava e morava na mesma avenida, fazia tudo a pé, só me faltava o emprego. Deus abriu as portas e passei numa entrevista em uma loja de roupas. Na loja eu vendia, limpava, fazia estoque e era caixa, e também tínhamos que fazer – outros funcionários e eu – o inventário do estoque no domingo final de cada mês.

Essa experiência de multifunções me possibilitou crescer e amadurecer demais. Para minha alegria, eu batia todas as metas e ganhava bem acima do que precisava. Então, novamente, apliquei ensinamentos financeiros: guardava na poupança todo o dinheiro extra que ganhava, só comprava o necessário. Assim eu ia aumentando minha reserva de emergência.

E por isso pude me lançar ao desconhecido, pois havia conseguido juntar uma reserva financeira de nove meses de média de custo fixo e variável, já incluída a faculdade. Na época, pedi para que meu gerente me mandasse embora e ele entendeu a minha necessidade de estagiar para me formar. Pude, assim, estudar com dedicação e procurar estágio em Turismo. Consegui uma vaga em uma agência de turismo, perto da faculdade. Foi ótimo, aprendi muitas habilidades técnicas, mas eu queria fazer algo mais. Naquele trabalho, eles queriam apenas estagiário por seis meses, depois eu seria substituída e não teria chance de ser efetivada, por mais que eu fizesse o meu melhor.

E aí aconteceu algo extraordinário. Eu já havia tentando entrar na empresa CVC, enviando currículo via site, mas nunca haviam me chamado. A operadora estava em expansão e era o sonho de qualquer estudante de Turismo no início dos anos 2000 trabalhar nela. Resolvi arriscar. Enviei um novo currículo com uma carta contando minha história e meu sonho de fazer parte da empresa, que também realizava sonhos. Duas semanas depois, recebi uma ligação pedindo para eu ir à sede participar de um processo seletivo. Fui aprovada na entrevista e, para minha surpresa, não era vaga para estágio e, sim, vaga de agente de viagens, ou seja, eu fui ao céu e voltei.

CASAMENTO INESPERADO E FORA DOS OBJETIVOS

Eu me senti muito realizada por chegar aos 20 anos de idade, estar cursando minha faculdade e ter um trabalho digno na minha área de estudo. Tinha uma vida financeira equilibrada, sem dívidas, sem aborrecimentos, com reserva de emergência para seis meses. Eu estudava de manhã, almoçava na rua e depois trabalhava até à noite. Não foi fácil, mas eu era extremamente focada e a melhor agente todo mês da loja CVC em que trabalhava. Eu estava bem feliz com minha faculdade, com meu emprego e com minha total independência financeira. Estava muito grata a Deus, com planos de terminar a faculdade e ir morar nos Estados Unidos.

Foi quando uma colega de faculdade me apresentou seu colega que seria, mais à frente, meu amigo e, em seguida, meu namorado. Trabalhávamos no mesmo prédio, eu na agência e ele em uma loja de venda de câmeras e revelação de fotos. Logo no primeiro encontro, fui pedida em namoro. Argumentei que não era o momento, que eu tinha minhas metas e sonhos. Mas ele insistiu e disse para "deixar rolar". Se não desse certo, terminaríamos. Aceitei. E foi assim que ele entrou na minha vida.

Em seis meses, eu estava noiva e já fazendo planos para casar. Com a minha experiência em administrar minhas finanças, eu o ajudei a aprender a diagnosticar para onde ia o salário dele, já que ele estava sempre sem dinheiro. Posso até dizer que ele foi meu primeiro caso de sucesso. Ele passou a ser controlado, muito equilibrado, criou o hábito de poupar e de criar sonhos e metas. Aprendeu a ter reserva de emergência (para situações diversas e imprevistos) e sempre que atingia uma meta, ele criava outra, e assim aprendeu como a educação financeira só ajuda e facilita a vida de quem a põe em prática.

Começamos a sonhar, a viajar e a crescer juntos. Eu, com 21 anos, já tinha reserva de emergência e juntava dinheiro para comprar meu carro. Ele tinha 29 anos. Em 12 meses, poupando com muito foco, nos casamos. Conseguimos pagar à vista uma festa para 120 convidados e uma lua de mel internacional. Ele tinha uma loja de 40 metros quadrados, com chão trincado, paredes ainda no reboco, sem cozinha nem janelas ou banheiro decente. Juntos, reformamos e lá se tornou uma charmosa e aconchegante casinha para recém-casados.

MAIS SONHOS REALIZADOS

Depois de casarmos, não tínhamos dívida alguma. Mesmo pagando a maior parte do casamento, eu possuía ainda reserva de emergência e decidi usá-la para comprar um carro para nós dois. Senti tanta emoção ao tirar meu primeiro carrinho da concessionária! Meu marido estava desempregado, mas o incentivei a buscar novas oportunidades.

Fomos, então, para o próximo sonho: realizar um cruzeiro. Eu estava feliz e empolgada, mas ainda tinha o desemprego do meu esposo, que me preocupava um pouco. Comecei a incentivá-lo a estudar novamente, fazer uma faculdade ou um curso técnico de curta duração para voltar o mais rápido possível ao mercado de trabalho. Fui até o Rio de Janeiro, outra cidade, fiz a inscrição dele em um curso técnico de automação industrial, paguei a matrícula e o curso. Quando cheguei em casa, fiz uma surpresa para ele. Ele se emocionou e ficou muito feliz.

Infelizmente, depois de dois anos e com o curso técnico já terminado, nada de emprego. Conversei com ele e sugeri que trabalhasse em qualquer outra coisa , até conseguir o emprego em sua nova área de atuação. Mas ele não teve forças e acabou se entregando à depressão. Tive a ideia de pagar outro curso técnico com desconto, em outra área de atuação, para trabalhar em navios. Foi sem dúvida a virada de chave em nosso casamento. O curso foi de Operador de Produção *Offshore*. Nesse período, eu batia todas as metas da agência de viagens, tinha um ótimo salário com grandes comissões, viajávamos sempre e mantinha a casa e os custos do carro sozinha, além do curso dele. Também tinha um trabalho extra como guia e promotora de turismo e o colocava para me ajudar.

UM PROBLEMA RESOLVIDO

Eu estava realizada no trabalho e meu marido infeliz profissionalmente, isso me machucava e eu queria muito ajudá-lo, mas já não sabia como. Então, falei para ele que devíamos dar um tempo sobre essa questão e viajar para esquecer os problemas.

Em julho de 2011, viajamos para um Hotel Fazenda e foi muito revigorante. Novamente conversei com ele sobre a possibilidade de conseguir um trabalho mesmo que fosse abaixo de suas expectativas. Após a viagem, algo muito bom aconteceu, pois ele se motivou a tentar de novo. E conseguiu um emprego na sua área de atuação, em uma empresa holandesa, onde já havia feito entrevista anteriormente.

Dali em diante, nossa vida, que havia ficado parada por quatro anos, começou a andar para frente e eu pude voltar a fazer planos. Um deles era morar em outro local, já que onde estávamos o ambiente ao redor não era dos melhores.

Mais uma vez, usei a educação financeira a meu favor, aliada a uma boa estratégia com metas realistas, cortes precisos de gastos e consumo reduzido. Como passei quatro anos sustentando a casa sozinha, convenci meu marido a me deixar administrar nossas receitas, para podermos potencializar os resultados.

Quando mostrei a ele meu planejamento financeiro de longo prazo, ele achou impossível atingir uma meta tão alta, mas expliquei que era possível, sim, com aumento de 30% nas receitas e redução real de 40% das despesas, e sempre fazendo renda extra ou hora extra. Era a hora certa, não tínhamos filhos, não tínhamos dívidas e os gastos estavam bem controlados por mim.

Mergulhei no meu trabalho. Bati metas mensais, trimestrais, semestrais e também a meta anual. Ganhei todos os prêmios e uma viagem dos sonhos para a Disney. É indescritível sentir essa sensação de conquista e vitória!

HORA DE AUMENTAR A FAMÍLIA

Em 2014, eu já estava realizada profissionalmente, pois tinha batido metas pessoais (viagens, casa, carro, objetos desejados) e profissionais. Também havia conseguido comprar uma nova casa, em torno de meio milhão de reais, e já tinha dois apartamentos e uma lojinha, todos estavam alugados.

Minha missão já tinha sido bem cumprida! Dentro de mim, gritava fortemente meu relógio biológico da maternidade, eu desejava muito ser mãe, mas eu queria ser 100% presente na vida dos meus filhos.

Sabia que não seria fácil me desligar da empresa que por anos foi minha segunda casa, onde aprendi muito a arte de encantar clientes, mas eu precisava realizar meu sonho da maternidade.

Eu me programei para sair do trabalho no final do ano de 2014, logo após, descobri minha gravidez. Eu estava tranquila, não era mais necessário ser uma máquina de vendas. Ainda assim, era comprometida e batia minhas metas pessoais. Eu me desliguei da empresa um mês antes de a minha filha nascer.

CASA PRÓPRIA DOS SONHOS E ALERTA SOBRE OBRAS

Dois anos depois, em 2016, meu marido e eu conseguimos realizar outro sonho: o da casa própria, comprada à vista. Que satisfação essa conquista! Era uma casa linda, com muitos quartos, piscina e área de lazer, um presente de Deus, porém precisava de reformas.

Novamente, tive de fazer um novo planejamento financeiro, para poder captar recursos para iniciar as obras. Comecei com o valor inicial de R$ 70.000, pois achei que conseguiria reformar a casa com essa quantia, mas na verdade o valor acabou em alguns meses.

Minhas orientações sobre reformas e mão de obra: faça cotações em várias empresas; tenha capital de, no mínimo, 30% acima do orçamento previsto; dê preferência a pessoas jurídicas; faça contrato reconhecido em cartório; busque referências; desconfie de preços baixos demais; evite contratar parentes só porque são da família; tenha alguém de confiança na obra; e nunca, jamais pague antecipadamente 100% de qualquer serviço ou mão de obra.

Com essas dicas, eu garanto que você não terá os problemas que eu e meu marido tivemos. Infelizmente, perdemos na época R$ 33.000, por pagar adiantado e por não ter um fiscal vigiando o andamento da obra. Nem pudemos processar os profissionais, pois não tínhamos um contrato de prestação de serviço.

Achei que a reforma duraria seis meses, durou três anos. De um valor inicial de R$ 70.000, chegou a mais de R$ 390.000. Finalmente, após aprender e perder muito tempo e dinheiro, acertamos na última equipe. Em dezembro de 2018, mudamos para a casa dos nossos sonhos. Nesse ano, consegui outra benção: a segunda gravidez. Dessa vez, um menino.

DESCOBERTAS NA PANDEMIA

No ano seguinte, houve a pandemia da covid-19. E tudo parou em março de 2020. Cuidei da casa e dos meus filhos. O meu marido passou a ficar mais tempo fora do que antes, por conta dos protocolos de saúde no navio em que trabalhava. Nesse meio tempo, fui buscar coisas do meu interesse. Eu, que sempre amei estudar sobre educação financeira e finanças, li um livro chamado *Terapia financeira*, do querido PhD Reinaldo Domingos. Depois, comprei vários outros livros dele: *Como identificar o seu "eu" financeiro*, *Livre-se das dívidas* e *Como empreender com equilíbrio financeiro*. Fiquei muito feliz em saber que tudo o que eu havia aplicado na minha vida já havia sido aprovado antes por um especialista e ícone da Educação Financeira no Brasil.

Durante a pandemia, foram momentos tensos e extremamente difíceis, com duas crianças pequenas, sem carro, sem apoio, com o marido trabalhando em navio e sem família por perto, mas Deus me deu muita força para suportar os momentos mais difíceis e estressantes. Enfim, sobrevivemos à covid e seguimos em frente.

Comecei a estudar mercado financeiro e Bolsa de Valores. Com o incentivo e a orientação de um amigo, passei a investir na Bolsa e a diversificar meus investimentos. Eu sabia que precisaria de muito estudo técnico e cautela, além de decisões assertivas. Pois, até então, eu só havia investido em renda fixa, Tesouro Direto e poupança. A Bolsa de Valores não é lugar para achismos ou sorte, é pura habilidade, boa estratégia e competência.

FIM DO CASAMENTO

A vida estava perfeita. Eu estava focadíssima nos meus estudos para aprender mais sobre educação financeira, empreendedorismo digital feminino, bolsa de valores, ações, fundos imobiliários e derivativos. Tinha planos de ser Educadora Financeira, vender cursos, mentorias e consultorias, ou seja, fazer o que eu amava: falar sobre finanças, empreendedorismo, planejamento e como alcançar sonhos e metas.

Porém, eu sofria violências em casa sem saber que eram violências emocionais. Eu imaginava que fossem chantagens emocionais e que eu teria de tratar disso com terapia. Mas eu marcava a terapia de casal e ele não ia, até que cansei de chamá-lo para ir comigo e fiz o acompanhamento psicológico sozinha. Ao fazer terapia, percebi que eu sofria vários tipos de violência: doméstica, psicológica, patrimonial; e também descobri que sofreria de alienação parental por parte dele, em relação aos meus filhos, caso quisesse me separar. E eu ia suportando, levando meu casamento, pelos meus filhos e pela sociedade. Foi mesmo só com a terapia que descobri que isso era intolerável e prejudicial.

Eu o amava e achava que poderia mudar essa situação. Até que um dia descobri um lado sombrio e mais horrível ainda do meu marido, e decidi que jamais poderia perdoar ou continuar com o casamento. Meu mundo desmoronou, mas tive que acabar com aquilo. Precisei ter coragem de bater de frente, de romper com o medo e com as ameaças. Não foi fácil. Fui julgada, mal falada e criticada por pessoas que não estavam na minha pele.

Eu me casei na intenção de permanecer casada até o resto da vida, nunca pensei que fosse ficar viúva de marido vivo com apenas 38 anos, totalmente desamparada e com dois filhos para criar: um menino de 3 anos e uma garota de 7 anos. Foi um momento traumatizante. Mas com o apoio da minha mãe e de amigos, e com o aprendizado da Educação Financeira, comecei a dar a volta por cima. Recomecei do zero.

Nós, mulheres, somos frágeis, nos sentimos acuadas, às vezes desacreditadas, mas Deus nos dá força para levantarmos e seguirmos em frente com dignidade e verdade. Quebrar o ciclo da violência é um desafio, mas com apoio e informação, é possível construir um futuro mais seguro e feliz.

NOVOS APRENDIZADOS E HORIZONTES

Uma pessoa amiga pagou uma pós-graduação para mim na Universidade do Oeste Paulista – Unoeste, em um curso de Educação Financeira Master, com a **Metodologia DSOP**. De fato, foi um grande divisor de águas na minha vida profissional. Eu me identifiquei com o curso e aprimorei meus conhecimentos e técnicas operacionais. Os três primeiros meses da separação foram difíceis. Eu amava o meu marido, e ainda havia a parte financeira. Na época da separação, a renda principal vinha dele. Mas eu tinha uma pequena reserva de emergência que me ajudou por alguns meses até eu ficar bem psicologicamente e poder procurar emprego. Eu tinha casa e carro quitados. Por estratégia, optei por deixar o cartão de crédito sem pagar, pois naquele momento era mais importante não me desfazer de minha reserva. Depois que eu me reestruturasse, poderia negociar a dívida e pagá-la.

Antes de terminar a pós-graduação, consegui emprego em um colégio como auxiliar de professor de Educação Financeira. Eu me encontrei na sala de aula: amo ensinar crianças e adolescentes.

Fui convidada a escrever em coparticipação um livro sobre Educação Financeira e a independência financeira da mulher, e entrei em um grupo de corrida só para mulheres, em que encontrei a paz e o equilíbrio do corpo na corrida do asfalto.

Hoje, sei que tudo é possível para quem não desiste na primeira dificuldade. Temos sempre que procurar o lado bom das coisas ruins que nos acontecem. Passar por dificuldades nem sempre é o fim, talvez sinalize um recomeço e uma transformação. Do sofrimento tirei uma grande oportunidade de aprendizado e de crescimento pessoal.

Só tenho a agradecer a Deus por tudo que passei, pela oportunidade de ter conhecido a educação financeira desde muito cedo e à **Metodologia DSOP**, que lapidou meu conhecimento e me deixou mais preparada para atuar na docência .

OS 5 "SEMPRE"

Os segredos do meu sucesso como mulher/mãe solo empreendedora foram alguns detalhes importantes que fizeram toda a diferença para obter êxito.

Vamos aos meus 5 "Sempre":

- Sempre procurei usar o método 50-30-20, que foi criado pela professora de Direito norte-americana e hoje senadora Elizabeth Warren, junto com sua filha Amelia Warren Tyagi. Esse método orienta a dividir a renda líquida em três partes. A primeira, de 50%, deve ser destinada às despesas consideradas essenciais como alimentação, moradia, água, energia elétrica. A segunda parte, 30%, vai para aqueles gastos que podem, sim, serem importantes para você, mas não são indispensáveis – entram aqui viagens de férias, compras que podem ser consideradas supérfluas, serviços de *streaming* ou até mesmo aquela pizza com vinho nos finais de semana. Os 20% restantes devem ser reservados tendo em vista a realização de sonhos futuros ou, se ainda não tiver, para construir uma reserva de emergência.

- Sempre pensei muito antes de agir, analisando e planejando tudo que iria fazer. Coloco tudo na ponta do lápis e gosto de ver escrito, em caderno mesmo, para visualizar o meu desejo no papel.
- Sempre tive sonhos, planos a realizar. Então, sempre estou focada e não gasto com bobagens e/ou me distraio do meu propósito final maior.
- Sempre vivi abaixo das minhas condições financeiras reais. Dessa maneira, é possível ter dinheiro sobrando para investir, poupar, guardar, viajar ou realizar sonhos de curto, médio e longo prazos.
- Sempre gostei de ter metas, pois elas ajudam você a ter um caminho a trilhar, um objetivo a seguir. Além disso, ir ao encontro do desconhecido e criar algo diferente e surpreendente, nos motiva a fazer sempre o melhor em nosso trabalho.

A ARTE DE EMPREENDER E SURPREENDER

O espírito de empreender, de criar novas maneiras de fazer negócios e de atender às expectativas do meu cliente são a chave do meu sucesso. Mas, obviamente, o empreendedorismo feminino tem grandes desafios. No meu caso específico, sou mãe solo e empreendedora, não tenho ajuda de ninguém, trabalho duas vezes por semana ministrando aulas de Educação Financeira e também faço mentorias particulares para planejamento financeiro familiar ou para aprender do zero a controlar e fazer crescer os recursos. Também faço faculdade à noite, estudo para concurso público e procuro treinar corrida de duas a três vezes por semana.

Meu foco é reconquistar minha independência financeira, que foi perdida quando parei de trabalhar para cuidar dos filhos, e ter estabilidade financeira para poder educar, dar ensino de qualidade e uma boa alimentação, ter um bom plano de saúde e proporcionar lazer e conforto para os meus filhos crescerem em um lar cheio de amor e segurança.

É uma jornada árdua, mas nós, mulheres, somos superdotadas de força para lutar e vencer os desafios de cada dia – e para empreender e surpreender.

A minha inspiração no mundo de empreendedorismo feminimo é a empresária, educadora e investidora Camila Farani. E no empreendedorismo masculino, Silvio Santos.

Como mulheres empreendedoras, temos desafios adicionais em nossos trabalhos, já que, além de administrar nossos negócios, temos de cuidar de casa, filhos e de obrigações no dia a dia que não são tão comuns entre os homens. Também precisamos lidar com o sentimento de culpa por não estarmos mais tempo com os nossos filhos. Nem sempre é fácil esse equilíbrio entre a vida pessoal e a profissional. Fora isso, há falta de modelos e mentoras na área empreendedora, principalmente em setores ainda dominados pelos homens. A área de finanças, por exemplo, e a de tecnologia, ainda contam bem mais com a participação masculina do que com a feminina.

E nem sempre temos as mesmas oportunidades, talvez pela falta de um *networking* mais efetivo. Mais: não há como negar que ainda pode existir preconceito em campos considerados quase exclusivos do Clube do Bolinha, nos quais a mulher acaba sendo subestimada em sua capacidade.

O lado positivo é que cada vez mais mulheres estão assumindo altos cargos nas mais diversas áreas. Abre-se, cada vez mais, o horizonte para o empreendedorismo feminino.

DEIXO 16 ORIENTAÇÕES PODEROSAS PARA O SEU SUCESSO:

- **Educação financeira.** Aprimore seus conhecimentos sobre Educação Financeira para tomar decisões de investimento conscientes e inteligentes.

- **Investimento em si mesma.** Invista em sua formação. Faça cursos, *workshops* e mentoria para aprimorar suas habilidades e se tornar mais competitiva no mercado.

- **Gestão de tempo.** Aprenda técnicas de gestão de tempo para melhorar sua produtividade e conciliar as exigências do trabalho com a vida pessoal.

- ***Marketing* digital.** Aprenda as principais técnicas de *marketing* digital para atrair clientes, divulgar sua marca e impulsionar as vendas do seu negócio.

- **Vendas e negociação.** Desenvolva suas habilidades de vendas e negociação para fechar negócios com mais sucesso e aumentar os lucros.

- **Liderança inspiradora.** Seja uma líder inspiradora que saiba engajar a equipe para alcançar os objetivos do seu negócio.

- **Aprendizagem contínua.** Esteja sempre disposta a aprender coisas novas. Participe de cursos, *workshops* e eventos, e leia para se manter atualizada sobre as tendências do mercado.

- **Zona de conforto.** Saia da sua zona de conforto e busque novos desafios para se desenvolver como profissional e como pessoa.

- **Feedback construtivo**. Busque feedback construtivo de mentores, *coaches*, clientes e colegas de trabalho, para identificar áreas que podem ser melhoradas e assim aprimorar seu desempenho.

- **Adaptabilidade e resiliência.** Seja adaptável às mudanças do mercado e resiliente para enfrentar os desafios com persistência e positividade.

- **Participação em comunidades.** Participe ativamente de comunidades de mulheres empreendedoras, para trocar experiências, oferecer apoio e inspirar outras mulheres.

- **Mentoria e *coaching*.** Ofereça mentoria e *coaching* para outras mulheres que desejam iniciar seus próprios negócios. Compartilhe seus conhecimentos e experiências para ajudá-las a alcançar o sucesso.

- **Promoção da diversidade e da inclusão.** Promova a diversidade e a inclusão no seu negócio. Incentive a participação de mulheres de diferentes origens e experiências.

- **Diversificação de investimentos:** Diversifique seus investimentos para reduzir riscos e aumentar suas chances de sucesso. Explore opções como renda fixa, ações, fundos de investimento e investimentos em negócios.

- **Investimentos com impacto social.** Considere investir em negócios ou projetos que causem impacto social positivo e estejam alinhados com seus valores.

- **Liderança inspiradora.** Seja uma líder inspiradora que sirva como modelo para outras mulheres e as incentive a perseguir seus sonhos.

E nunca esqueça: busque a excelência, não a perfeição. Você deve se esforçar para fazer o seu melhor, mas erros ocorrerão e farão parte do processo de aprendizagem e crescimento. Aprenda com eles e não se compare a outras pessoas: cada uma tem suas habilidades e limitações.

Vivemos uma nova era em que a mulher está livre para decidir e tem o poder de ser o que ela quiser, onde quiser e com quem quiser.

Seja bem-vinda à era das GME – Grandes Mulheres Empreendedoras!

LinkedIn: **Juliana Costa educadora financeira**
Instagram: **@julianacostafinancasoficial**

Natural de Arroio do Meio (RS) e profissional com sólida formação e vasta experiência, **Karine Rosangela Lindner** é casada e mãe de três filhos. Graduada em Ciências Contábeis e pós-graduada em Educação Financeira com Neurociência e Gestão Empreendedora pela **Metodologia DSOP,** possui também especialização em *neuromarketing* e MBA em Economia. É membro da Associação Brasileira de Profissionais de Educação Financeira (ABEFIN)

Como educadora do comportamento financeiro, Karine realiza mentorias, *workshops* e palestras, ajudando pessoas a construírem uma relação mais saudável com o dinheiro. Seu propósito é contribuir para que todos conquistem e mantenham sua independência financeira e alcancem seus sonhos, individualmente ou em família.

Karine também se destaca como empreendedora e empresária. Cofundadora da Welter & Lindner LTDA (WL Company), sua empresa é especializada em soluções de sistemas de gestão empresarial. Além disso, oferece assessoria fiscal, financeira e de gestão, contribuindo diretamente para aumentar a lucratividade de seus clientes.

É coautora do livro *De pais para filhos: como realizar sonhos em família*, partilhando sua *expertise* e consolidando seu compromisso com a transformação financeira de pessoas e negócios.

Karine Rosangela Lindner

A volta por cima

COM A EDUCAÇÃO FINANCEIRA

O que é empreender? Empreender, no sentido literal e segundo dicionários, é a ação de decidir realizar e pôr algo em execução. Portanto, o que define o que é empreender é justamente a disponibilidade de agir a favor de uma solução, oportunidade ou necessidade.

Mas, claro, a ação por si só não garante a sustentabilidade e a relevância do empreender. Para isso, é a performance estratégica do empreendedor em questão, somada a uma série de características, que norteiam os resultados da iniciativa. Uma dessas características é a Educação Financeira. A forma como você lida com o dinheiro e o trata pode fazer a diferença entre ter êxito ou não.

Empreender e ter o prazer como fim estão diretamente ligados ao desejo genuíno de servir pessoas, mas com um olhar no financeiro. Empreender de tal forma que o que se faz seja bom para as pessoas e proporcione soluções, fazer o que se ama com muito amor e dedicação, isso gera prazer. Todo esse movimento reverbera o retorno financeiro. O dinheiro é uma consequência do quão bem você serve às pessoas.

Empreender com o intuito exclusivo do dinheiro pode até dar certo, mas se olharmos a história de empreendedores de sucesso perceberemos que eles criaram movimento em prol das pessoas, partilharam conhecimento, geraram empregos, ajudaram a melhorar a vida de clientes, fornecedores e colaboradores.

A HISTÓRIA DE KEKA

Vou contar a história da menina Keka, do interior do Rio Grande do Sul, que desde cedo começou a empreender. No Ensino Fundamental, ela separava as figurinhas de todos os chicletes que ganhava ou comprava, e as vendia para quem fazia coleção. Anos depois, com 11 anos, ela passou a ter necessidades específicas de pré-adolescente: produtos de cuidados pessoais como perfume, batom, brincos, entre outros. Além disso, tinha muitos sonhos. Naquela época, esses itens eram considerados supérfluos pelos pais. Filha de mãe agricultora e pai operário, o dinheiro era o suficiente para o mais necessário, porém ela desejava ter seu próprio dinheiro, pois achava que seus pais tinham de comprar mais coisas. Muito tempo depois, ela entendeu que seu pai administrava o dinheiro da melhor forma possível dentro dos seus ganhos e compreendeu também o porquê da dificuldade de os pais entenderem quando a menina falava de sonhos.

Keka tinha o sonho de comprar uma boneca Barbie, um *walkman* (tocador de áudio portátil dos anos 90) e ter seu dinheiro para os gastos pessoais. Numa ida ao mercadinho perto de casa, surgiu a oportunidade de fazer vendas para a dona do mercado. Na sexta-feira, ela retirava vários produtos que achava que poderia vender de forma condicional. À noite, em casa, precificava com a margem de lucro que pretendia obter. Durante o final de semana, fazia vendas de porta em porta, e na segunda-feira fazia o acerto, pagando o valor de custo dos produtos e contabilizando o lucro das suas vendas.

O pai de Keka equipou a bicicleta Monareta da filha com um cesto grande na traseira e um cesto menor na frente, assim a garota podia ir às casas com mais facilidade, sem precisar carregar tanto peso, além de ter mais agilidade no deslocamento. As casas eram afastadas, pois moravam no interior. Ela se autodenominava como a Sacoleira Mirim Motorizada.

Como a menina era menor de idade, precisou pedir permissão aos pais para poder realizar esse trabalho. Um pouco receosos, os pais permitiram, porém, com uma condição: a de nunca gastar mais do que ganhasse, ou seja, deveria realizar as vendas, receber corretamente dos clientes, pagar à dona do mercado e usar o seu lucro para comprar o que quisesse, mas nunca gastar mais do que tinha ou contar com possíveis lucros que ainda não existiam. Essa foi a primeira lição que aprendeu sobre finanças. Era esse o conhecimento que seus pais tinham sobre dinheiro, não gastar mais do que se ganha, e foi isso que ensinaram.

DE OLHO NAS OPORTUNIDADES

A menina Keka saía fazendo visita às pessoas, chegava conversando e buscando conhecer quem ela estava visitando, além de procurar entender a necessidade ou problema que as pessoas pudessem ter, e com algum produto seu contribuir para resolvê-lo. Um exemplo disso é o caso de um casal que estava tomando seu chimarrão. Aqui no Rio Grande do Sul temos o hábito de tomar chimarrão ou mate, uma bebida à base de erva-mate servida com infusão de água quente, que é sinônimo da hospitalidade e da amizade do gaúcho. Seguidamente, a senhora tinha de esquentar a água, pois esfriava rápido na chaleira. A menina viu a oportunidade e ofereceu uma térmica de inox, que conservaria a água do chimarrão quente por bastante tempo. A senhora disse que fazia um tempinho que estava pedindo uma térmica para o marido, mas ele ia adiando a compra. O senhor viu que sua mulher tinha gostado muito da térmica e a comprou. Dessa forma, a menina percebeu um problema e pode contribuir com uma solução.

Com o trabalho de Sacoleira Mirim Motorizada, ela fez o dinheiro que precisava para seus gastos pessoais e realizou seus primeiros sonhos: comprou duas bonecas Barbie e o *walkman*. O principal aprendizado que teve com esse trabalho foi o de ter cuidado na gestão do dinheiro para que pudesse pagar o valor dos produtos, ter lucro e poder realizar os sonhos, o que já era um princípio de Educação Financeira.

TRABALHO INTENSO E ATENÇÃO AOS CLIENTES

A menina foi crescendo. Ao longo da sua adolescência, até uns 20 anos aproximadamente, empreendeu vendendo cosméticos e produtos para a casa por intermédio de catálogos da Avon, Hermes e Quatro Estações, em que ganhava comissão. Também vendia roupas e lingeries para uma loja da cidade, que lhe pagava comissão. Ao mesmo tempo, trabalhava como CLT, carteira assinada. Realizava as vendas nos horários de intervalo, à noite e nos finais de semana.

Um tempo depois, teve uma excelente oportunidade de trabalho numa multinacional brasileira. Começou como vendedora *trainee*, ou seja, era vendedora aprendiz, sua atuação na área comercial era substituir os vendedores que tinham áreas de atendimento definidas, quando tiravam férias ou quando algum faltava. Não tinha área própria, trabalhava atendendo clientes das áreas dos outros vendedores. Passados dois meses, foi promovida a vendedora e ganhou sua área de atendimento. Em um ano, aproximadamente, tornou-se supervisora de vendas. Keka tinha o objetivo de servir, de contribuir com os clientes, buscando soluções para os problemas que estivessem a seu alcance. Por exemplo, melhorar a exposição dos produtos, observar as validades, contribuir com os colaboradores dos clientes para que pudessem vender mais, entre outros. Dentro dessa empresa também contribuiu com sugestões de melhorias que foram aceitas e implantadas, gerando economia e mais lucro.

Quando Keka tornou-se supervisora, teve o desafio de engajar os vendedores para venderem mais. A solução foi entender a situação de cada um deles e criar campanhas de incentivo que fossem atrativas a eles, além de ensinar a olharem seus clientes da mesma forma como ela fazia, visando gerar soluções e agregá-las aos seus negócios. Dessa forma, a venda dos vendedores aumentaria. Eles receberiam mais comissões e ela também.

Foi nessa empresa que a Keka entendeu que empreender, numa análise mais ampla, é gerar soluções inovadoras e eficazes para os problemas e também gerar lucro, que pode ser tanto para os clientes quanto dentro da empresa ou para si mesmo.

Todo o trabalho realizado foi recompensado financeiramente. Keka recebeu muita comissão e premiações, além do salário normal. Porém, a mentalidade dela em termos de Educação Financeira não era muito evoluída. Apesar disso, realizou muitos sonhos, ela e a família viviam muito bem. Quando sobrava, ela guardava dinheiro. Mas guardar não era um hábito. Muitas vezes consumiam mais do que ganhavam, se reorganizavam e em outro momento o dinheiro voltava a sobrar. Entre sobra e falta, a relação com o dinheiro parecia uma gangorra.

NEGÓCIO PRÓPRIO: DO SONHO AO PESADELO

Anos depois, após poupar um determinado valor, Keka resolveu empreender seu próprio negócio: abriu uma loja de roupas. De início, foi a realização de um sonho, mas que virou um grande pesadelo. O planejamento estava muito bem detalhado, havia feito plano de negócios de forma minuciosa e tinha capital de giro para se manter durante alguns meses sem realizar nenhuma venda, porém, na prática, muitas coisas deram errado. Dentre os principais problemas estavam a inadimplência alta: a loja sofreu dois assaltos e teve várias perdas estruturais e de mercadorias, os problemas foram muitos. Conclusão, a loja e a Keka faliram. Anos depois, ela entendeu que esse tipo de negócio não era para ela e que estava no lugar errado. Nessa época, ela até tinha planejamento financeiro, porém não tinha Educação Financeira para o desafio de ter uma empresa.

Keka ficou extremamente endividada, pois diferente das situações anteriores em que empreendeu, neste negócio tinha investido muito mais dinheiro e feito dívidas para tocar a empresa. Investiu valores pessoais, usou o limite do cartão de crédito e do cheque especial, pegou dinheiro emprestado com familiares e em bancos, pagando juros altíssimos. Quando encerrou as atividades da empresa, ficou com dívidas de quase 150 mil reais. Ela vem de uma origem muito severa e rígida em relação ao dinheiro. Nunca poderia gastar mais do que tinha, nunca poderia se endividar, jamais ficar inadimplente ou com o nome sujo e jamais ficar devendo para familiares. Tudo isso lhe gerava muita humilhação, sentimento de fracasso, frustração; não era esse exemplo que queria ser para os filhos.

Tudo isso fez com que Keka quase entrasse em depressão, ao ponto de pedir em suas orações que queria morrer, pois não fazia nada direito e tudo dava errado. Porém, nas suas conversas com Deus, Ele mostrou que ela havia tido muitos êxitos ao longo de sua vida e que ali não era o fim, que as coisas dariam certo, porém ela precisaria mudar. Após uma noite de sono, Keka acordou e decidiu reassumir as "rédeas" da sua vida.

UM NOVO COMEÇO SEM OS ERROS PASSADOS

Keka recomeçou empreendendo novamente, mas desta vez não por ser a realização de um sonho, mas por necessidade. A decisão de abrir um negócio foi efetivada pela falta de outras possibilidades para geração de renda, pois precisava ajudar nas despesas da casa e na criação dos filhos. Além disso, tinha muitas dívidas que pretendia pagar.

Decidiu atuar na área de serviços e utilizou o cartão de crédito do seu sócio (seu marido), ou seja, ela estava sem dinheiro algum, muito endividada e sem crédito. Somente ele emprestou o cartão, mas com o compromisso de que pagasse, de que não sujasse o nome dele nem o deixasse inadimplente.

Keka começou a fazer recarga de cartuchos de impressoras. Escolheu essa área porque ouvia muitas reclamações de empresas e pessoas físicas a respeito, havia um problema para ser resolvido, porém a solução tinha de ser diferente, por isso a importância de buscar conhecimento. Estudou e fez muitos testes até chegar a um resultado que proporcionasse uma recarga de cartucho com qualidade e rentabilidade de impressões. Depois disso, criou *folders* e os distribuiu de porta em porta, divulgando o trabalho. Gradativamente, foi recebendo serviços. Mais à frente, seu sócio começou a desenvolver atividades de suporte em informática. Também passaram a realizar vendas de equipamentos e suprimentos de informática. Nessa época, a empresa já tinha pagado os valores usados no cartão de crédito e tinha saldo em caixa para poder trabalhar.

Paralelamente ao trabalho na empresa, Keka fazia vários trabalhos *freelance*, pois pretendia pagar as dívidas da loja. Como era técnica contábil formada no Ensino Médio e estava cursando faculdade em Ciências Contábeis, fazia declarações de Imposto de Renda e prestava serviços a clientes MEI. Também conhecia alguns programas específicos de computador e fazia *folders*, cartões para empresas, convites para festas, entre outras atividades. Ela tinha o sonho de quitar as dívidas da loja, e todo o valor que fazia com esses trabalhos eram poupados e investidos para esse fim.

ATENÇÃO CONSTANTE AO MERCADO

Após três anos de atividade na empresa de informática, Keka percebeu a mudança do mercado. Ao analisar sua base de clientes, identificou que eles eram, em sua grande maioria, pessoas físicas que estavam migrando do uso do computador para os *smartphones*. Ela também observou a diminuição de impressões e, consequentemente, menos recargas para fazer. Havia ainda o lançamento de impressoras com tanque de tinta, que prometia uma grande economia no custo de impressões. Havia a necessidade de mudança, caso contrário eles iriam fechar. Naquela época, Keka estava quase formada em Ciências Contábeis e, utilizando seu conhecimento nessa área, foi buscar fornecedores de *software* (sistema ERP) para poder representar. A ideia era vender o sistema de gestão empresarial e emissão de notas fiscais em que prestaria suporte no sistema e também na parte da gestão, incluindo a área fiscal. Assim surgiu a WL Company – Sistemas de Gestão Empresarial. Com essa mudança, a empresa seguiu para outro patamar, e a Educação Financeira fez total diferença, pois não era mais somente serviço, havia a necessidade de investimentos financeiros para, se desse certo, conseguir obter lucro, posteriormente. Além disso, ainda havia muitas dívidas da empresa anterior, já que ela tinha conseguido quitar somente algumas.

Nesse meio tempo, Keka realizou um grande sonho que, na verdade, era um meio para melhorar de trabalho e obter ganhos para realizar outros sonhos: foi a primeira pessoa a se formar no Ensino Superior em sua família. Ela tinha o sonho de "jogar o chapeuzinho" para cima, e assim o fez. Também conseguiu realizar o sonho de quitar todas as dívidas da loja e passar de devedora, inadimplente, à investidora. A empresa WL Company estava estruturada, bem fundamentada e crescendo ano após ano. Hoje Keka está muito feliz, pois faz um trabalho que ama, está estruturada financeiramente, continua a estudar e a investir em conhecimento.

EU SOU A KEKA

Com muita gratidão, apresento a Keka: é esta que vos escreve. Sou a Karine Rosangela Lindner, Filha de Deus, Mulher, Mãe de três filhos, Filha, Amiga, Empreendedora, Empresária, Educadora Financeira, Sonhadora que ama contribuir para a vida das pessoas, para poderem realizar seus sonhos.

Agora vou contar a você o segredo de toda a minha transformação, o que fez toda a diferença, que impulsionou a minha vida para ter mais resultados e passar a realizar mais sonhos, vivendo o presente, realizando o planejamento a médio e a longo prazos, fato que me trouxe segurança, equilíbrio e crescimento, o que efetivamente me fez virar o jogo.

Quando fechei a loja de roupas estava falida como empresa e como pessoa. Juntamente com o processo de recomeçar com uma nova atividade empreendedora, fui buscar conhecimento que propiciasse me tornar especialista em algo, para poder solucionar mais problemas e, como resultado disso, ganhar mais dinheiro. Estar endividada e estressada por causa de dinheiro é muito desagradável e doloroso, sem contar a impossibilidade de comprar até coisas necessárias. Muitas vezes, para podermos obter resultados mais eficientes e sustentáveis, temos de buscar algo diferente e mudar nossa postura. Não adianta querer que as coisas mudem se não mudamos e continuamos fazendo tudo do mesmo jeito.

Busquei conhecimento em todas as áreas necessárias para desenvolver a empresa de maneira que se tornasse sólida e lucrativa, para não quebrar novamente. Nessa etapa apliquei muito do que aprendi com a empresa anterior e busquei conhecimento na área de gestão empresarial e pessoal. Entendi que se não me tornasse educada financeiramente na minha vida pessoal dificilmente teria êxito na empresa, pois a empresa reflete o que temos na vida pessoal. Conforme fui adquirindo o conhecimento, mesmo de forma meio "torta" e desajeitada, fui aplicando, poupando e investindo para realizar os meus sonhos: os dois maiores eram pagar as dívidas e me formar no Ensino Superior. Deu certo, consegui realizá-los, mas o "pulo do gato" se deu quando conheci a **Metodologia DSOP**.

A GRANDE VIRADA COM A *METODOLOGIA DSOP*

A Metodologia foi instrumentalizada pelo PhD em Educação Financeira Reinaldo Domingos, comprovada cientificamente e aplicada por inúmeras pessoas. É fundamentada em 4 pilares: Diagnosticar – Sonhar – Orçar – Poupar. É um método simples, porém de extrema eficácia. Com ele, consegui alinhar minhas finanças pessoais e isso foi fundamental para ter sucesso na empresa WL Company na nova fase, como representante de *software*. Com a Metodologia mudei totalmente meu comportamento e hábitos relacionados ao dinheiro. Consegui identificar crenças que estavam me limitando e atitudes comportamentais que me sabotavam e me afastavam dos meus sonhos.

Para se tornar uma pessoa educada financeiramente, é preciso olhar como você age com o seu dinheiro, como você o trata. Dinheiro não aceita desaforo. Temos de perder o medo ou vergonha de falar de dinheiro, pois faz parte da nossa vida, não tem como viver sem ele. Nesse ponto, já começamos a identificar crenças limitantes. Veja alguns exemplos: "dinheiro não é importante"; "quem não nasceu com dinheiro nunca o terá"; "é difícil, sofrido ganhar dinheiro"; "dinheiro é a raiz de todos os males"; "só se ganha dinheiro de forma ilícita"; "dinheiro é para gastar"; "você pode comprar porque você merece"; "mulheres sempre ganham menos"; "dinheiro não traz felicidade" e muitos outros.

Tenho certeza de que você se lembrará de mais alguns. Precisamos refletir se eles realmente são verdadeiros. Conteste essas crenças quando chegarem à sua mente, duvide delas e busque entender quando elas podem ser verdadeiras ou não. Vou apresentar um exemplo para facilitar a compreensão: "dinheiro não é importante". Quando isso é uma verdade? Quando estou numa conversa com minha família e amigos, por exemplo. Nesse momento, o dinheiro não é importante. Porém, é verdadeiro quando meu filho precisa fazer uma cirurgia de saúde que o SUS não cobre e que a vida dele depende desse procedimento. Nessa situação, o dinheiro importa muito! Diante disso, posso afirmar que o dinheiro se faz muito importante, pois estamos num mundo capitalista e é impossível viver sem ele; o detalhe é que temos de colocá-lo no seu lugar. O dinheiro é um meio, não o fim.

O dinheiro é um meio que nos possibilita a realização de muitos sonhos, de consumir, de ajudar pessoas, de contribuir com a sociedade. Tudo vai depender de como você age com ele. O dinheiro vai potencializar o que você é. Se você é uma pessoa honesta, trabalhadora, de boa índole e de bom coração, com mais dinheiro você passará a ajudar mais pessoas, vai contribuir com a sociedade, vai ter atitudes que promovam o bem.

COMO COLOCAR EM PRÁTICA OS QUATRO PILARES

Ampliando meu conhecimento sobre a **Metodologia DSOP** e a aplicando na minha vida, fui perdendo o medo e a vergonha de falar sobre dinheiro e, principalmente, mudei meu comportamento.

No pilar **Diagnosticar**, você faz um diagnóstico para identificar o caminho percorrido pelo dinheiro. Neste processo observei os meus gastos e porque os fazia, antes de gastar me questionava se realmente precisava daquilo. Avaliava o que ganharia com essa compra e o que perderia. Foi no Diagnosticar que identifiquei que o dinheiro "escapa pelos dedos" sem a gente perceber, que não é somente nas grandes contas que podemos ter problemas financeiros, mas através de pequenos gastos também. Nessa etapa, me defrontei com várias crenças que tinha e, ao me questionar, fui ressignificando-as.

Num dia, durante esse período, fui ao mercado após o trabalho. Tinha sido um dia bem puxado e estressante. Passei na prateleira de chocolates, peguei uns cinco tipos diferentes e já ia colocar tudo no carrinho.

Na minha cabeça, as crenças "você pode comprar porque você merece" e "dinheiro é para gastar" estavam gritando. Parei, respirei e me questionei se realmente precisava dos chocolates, busquei entender o porquê estava querendo fazer essa compra. Entendi que naquele momento era porque estava estressada e queria uma compensação, era algo emocional. Na verdade não precisava deles, e aí voltei meu pensamento para os meus sonhos, que me deram a motivação necessária para não fazer aquele gasto desnecessário. Busquei o equilíbrio. Comprei um chocolate apenas: ele cabia no meu orçamento sem prejudicar o que tinha alinhado para os meus sonhos.

No pilar **Sonhar**, definimos quais são os nossos sonhos. São eles que nos dão a força e a motivação que nos mostram o caminho, o verdadeiro sentido da vida. Aqui aprendi que o sonho vem antes do recurso, do dinheiro, pois tendo sonhos se busca o dinheiro. Estabeleci meus sonhos de forma clara, objetiva e com prazos diferentes, o que fez com que conseguisse me manter firme no que realmente importava. Substitui "prazeres momentâneos" com gastos de dinheiro por felicidade, satisfação, orgulho, gratidão e sentimento de realização muito superiores, uma mistura de sentimentos positivos. Imagine algo que você deseja muito, aquele sonho muito especial. Agora imagine realizando-o. Como você se sentiria? Realizar sonhos é muito bom, ainda mais quando se começa a alcançar mais sonhos ainda. Realizei meu primeiro sonho, um pouco depois realizei o segundo e já estava com outro no orçamento, ou seja, conquistava um e logo imaginava outro. Com essa estratégia, mantemos o foco no caminho a percorrer e, seguidamente, estaremos realizando sonhos e nos motivando ainda mais para continuar e conquistar mais deles. Desde que comecei, não parei mais... pois sonhar e realizar sonhos é algo imensamente gratificante.

Para poder realizar os sonhos temos o pilar **Orçar**, nele utilizamos o Orçamento financeiro DSOP, que é um tipo de planejamento no qual se discriminam os valores referentes aos gastos e ganhos previstos para determinado período. Ele é diferente dos demais orçamentos, pois prioriza nossos sonhos e necessidades. Primeiro, registramos qual o valor dos ganhos, depois subtraímos o valor necessário para realizar os sonhos já definidos e, então, adequamos o saldo aos gastos, ajustando o nosso padrão de vida. Deve-se ser fiel aos sonhos e não ultrapassar o orçamento. É preciso evitar as armadilhas do consumo, estar atento e aprender a fazer contas para manter o orçamento em equilíbrio. Quando os sonhos vêm em primeiro lugar, a motivação para viver dentro do orçamento torna-se algo natural e prazeroso. Conforme ia realizando os sonhos, eu me sentia recompensada pelos esforços realizados e quebrei a crença de que "é difícil, sofrido ganhar dinheiro".

Após realizar o orçamento, colocamos em prática o quarto pilar, o **Poupar**. Esse pilar refere-se ao ato de separar parte de seu dinheiro para transformar os sonhos em realidade. Depois de poupar, devemos investir. De acordo com a **Metodologia DSOP**, poupar é o ato de guardar dinheiro, e investir é o ato de direcionar o dinheiro para algum investimento a fim de potencializar o valor poupado. Criar o hábito de evitar desperdícios, comprar de forma consciente e eficiente, pedir descontos e escolher a melhor forma de pagamento, fazer pesquisas antes de comprar também são formas de poupar.

DA VIDA PESSOAL PARA OS NEGÓCIOS

Usei a Metodologia primeiramente na minha vida pessoal e, a seguir, eu a levei para a empresa. Na empresa, obtivemos grandes aprendizados que nos permitiram tomar decisões mais acertadas, promovendo práticas financeiras saudáveis que aumentaram a sustentabilidade. Com o controle rigoroso das finanças, conseguimos superar crises econômicas e financeiras, garantindo a continuidade do negócio, aumentando a lucratividade e realizando nossos sonhos empresariais. A aplicação da **Metodologia DSOP** tem se mostrado extremamente eficaz, proporcionando não apenas a saúde financeira do negócio, mas também o crescimento sustentável e o alcance de metas audaciosas.

Para o futuro, temos na empresa o sonho de sermos reconhecidos como a melhor opção tecnológica sustentável e facilitadora em serviços de automação comercial em nossa região, visando contribuir com os clientes para que aumentem seus lucros. E eu tenho o sonho de atuar como Educadora do Comportamento Financeiro, levando esses ensinamentos para o máximo possível de pessoas para que esse conhecimento possa contribuir para suas vidas.

Você chegou ao final da minha narrativa e, com ela, espero que tenha encontrado inspiração, conhecimento e, acima de tudo, a confiança necessária para trilhar o caminho do empreendedorismo. O universo dos negócios está repleto de desafios, mas também de oportunidades ilimitadas. Busque servir e contribuir de forma genuína, o resultado financeiro será a consequência. A Educação Financeira é a chave para a liberdade e o empoderamento. Continue a ampliar seus conhecimentos, gerenciando seus recursos com sabedoria e determinação, e você terá o preparo necessário para transformar seus sonhos em realidade. Lembre-se: o poder de mudar o mundo está em suas mãos. Cada passo dado, cada decisão tomada com consciência e coragem, contribui para um futuro mais próspero e igualitário. Que este seja apenas o começo de uma jornada brilhante e cheia de realizações. Continue explorando, aprendendo e crescendo. O seu sucesso é o reflexo do seu esforço e da sua dedicação.

LinkedIn: **karine rosangela lindner**
Instagram: **@karinerosangela.educadora**

Natural de Afogados da Ingazeira, no sertão pernambucano, **Maria de Fátima Neves Duda** – ou Fátima Duda, como gosta de ser chamada – atualmente reside em Recife. Por volta dos 6 anos, lembra de ter tido o primeiro contato com o dinheiro, dado pelos pais, para comprar guloseimas e também ingressos para as exibições dos filmes infantis aos domingo, as inesquecíveis matinês.

Graduou-se em Química Industrial e Direito na Universidade Católica de Pernambuco (UNICAP/PE). Também é especialista em Direito do Trabalho e Direito Processual do Trabalho pela Universidade para o Desenvolvimento do Estado e da Região do Pantanal (UNIDERP), localizada em Campo Grande (MS). Na Universidade do Oeste Paulista (UNOESTE/SP), adquiriu mais uma especialização: Educação Financeira com Neurociência para Docentes. É analista judiciária aposentada do Tribunal Regional do Trabalho (TRT) 6ª Região.

Desde 2008, ela é voluntária da Associação Internacional dos Campi de Pesquisa da Conscienciologia (INTERCAMPI). A partir de 2009, tornou-se docente de Conscienciologia. Ela tem artigos publicados no site do Instituto Cognopolitano de Geografia e Estatística (ICGE – icge.org.br) e no site da Associação Brasileira dos Profissionais de Educação Financeira (ABEFIN – abefin.org.br, artigo *Hiperconsumismo um caso de analfabetismo financeiro*).

É coautora da *Enciclopédia da Conscienciologia* desde 2015, com verbetes publicados em http://www.tertuliaconscienciologia.org.

Maria de Fátima Neves Duda

EMPREENDEDORISMO *pessoal*

Você já parou, em algum momento da vida, para analisar as ações pessoais que estão pendentes? Quais ações empreendedoras surgiram a partir disso?

Amparada pelo princípio de que sempre é tempo para empreender, revisitei o meu passado após meio século de vida e, sem delongas, contando com o que dispunha no momento e, do meu jeito, fiz um balanço da minha existência, semelhante a um balanço contábil. Analisei as entradas e saídas dos recursos, os resultados gerados e se estavam ou não condizentes com interesses mais evoluídos. Encorajei-me, enquanto empreendedora, a adotar, de imediato, o empreendimento prioritário à época – um projeto de autopesquisa, objetivando a superação do hiperconsumismo, o restabelecimento do poder aquisitivo e o equilíbrio financeiro.

Vale ressaltar que o termo empreendedorismo, aqui, é usado numa perspectiva mais ampla, extrapolando o enfoque tradicional voltado para a criação de novos negócios. *Nesse sentido, empreender não implica necessariamente constituir uma empresa e montar um negócio para ganhar dinheiro. Significa toda e qualquer ação consciencial gerando atividade, mobilizando ideias e produzindo algo*, na visão do empresário Phelipe Mansur (2015).

Olhando por este prisma, não se faz necessário constituir uma empresa para se tornar um empreendedor, inclusive, em favor de si mesmo.

O empreendedorismo em causa própria, por favorecer o autoconhecimento, deveria ser a maior e a primeira empreitada a ser enfrentada por quem se sente comprometido com a própria evolução, porque a tendência é ficar empoderado e atento para realizar novo empreendimento, seja de natureza econômica, social, ambiental ou cultural, e que agregue valor à sociedade.

À vista disso, nos moldes de um balanço existencial, fiz uma retrospectiva começando pela infância, reprisando os primeiros contatos com o dinheiro e as percepções da sua utilidade para a satisfação pessoal e, na medida em que me tornava adulta, fui construindo uma caminhada orientada por parâmetros internos, que pareciam estar cunhados na mente, para fazer ou deixar de fazer algo de grande serventia mais à frente (superar o hiperconsumismo, equilibrar as contas e, posteriormente, investir nas filhas), o que de fato se configurou, através do encadeamento de várias decisões acertadas e definidoras do que sou hoje. Mas nem tudo foi festa!

PRIMEIRO CONTATO COM O DINHEIRO

Ainda na infância, por volta dos 6 anos de idade, recordo-me de ter manuseado dinheiro recebido dos meus pais para comprar guloseimas e bilhetes para assistir a filmes aos domingos. Certa vez, recebi de um amigo do meu pai uma cédula equivalente a R$ 50,00 no valor de hoje

(2025). Sem hesitar, corri para comprar material escolar: régua, esquadro, compasso, transferidor, caderno de desenho etc.

Sempre que tinha oportunidade, eu gostava de olhar as vitrinas das poucas lojas da minha cidade natal, Afogados da Ingazeira, no sertão pernambucano. Em uma dessas ocasiões, muito provavelmente, devo ter internalizado o desejo de comprar material escolar e sabia, apesar da pouca idade, que o dinheiro podia me proporcionar aquela satisfação, o que parecia justificar a pressa para gastar a importância que me fora presenteada.

Naquelas situações, caso a Educação Financeira fosse conhecida na forma como atualmente se apresenta, teria sido oportuna a introdução do sistema de mesada, à maneira de Reinaldo Domingos (2015), ao considerar que *toda criança, a partir dos três anos de idade, começa a ter contato com alguma quantia em dinheiro. Essas entregas voluntárias, vindas geralmente dos pais e familiares, já são uma forma de mesada, porém, não sistematizada*. No entanto, afirma o educador (2015), *a criança, a partir dos 7 anos de idade, já tem habilidade e entendimento para compreender e fazer uso de alguns tipos de mesada*, dentre os oito modelos por ele apresentado: voluntária, financeira, de terceiros, econômica, empreendedora, ecológica, de troca e social.

Na adolescência e na minha juventude, continuei recebendo dinheiro dos meus pais para comprar lanches na escola e, mais tarde, quantias maiores para pagar o cursinho pré-vestibular e as despesas pessoais em Recife, para onde me mudei em janeiro de 1975.

Passei a administrar o dinheiro recebido dos meus pais para cobrir os gastos mensais, o que exigia certa dose de engenhosidade para fazê-lo durar até o final de cada mês. Era tudo muito contado. Apesar disso, já fazia peripécias consumistas, principalmente comprando a prazo por meio de carnês nas lojas, e quando a situação financeira ficava mais caótica, não conseguia cumprir os prazos para pagamento das parcelas.

A situação melhorou quando comecei a cursar Química Industrial na Universidade Católica de Pernambuco (UNICAP), já que eu passei a receber dois créditos educativos do governo federal (anuidade e manutenção). Dessa forma, continuei comprando movida pelo impulso e me contentava em ser boa pagadora por poder cumprir os compromissos assumidos.

À PROCURA DO AUTOCONHECIMENTO FINANCEIRO

O padrão financeiro consumista permaneceu o mesmo após eu começar a trabalhar, até conhecer e introjetar o paradigma consciencial – Conscienciologia –, quando passei a ter interesse por projetos de vida, pela pesquisa de mim mesma e pela promoção de reciclagens íntimas. Movimento este convergente e favorecedor da posterior renovação dos próprios pensamentos, sentimentos e comportamentos, que propiciou uma prazerosa recepção, estudo, compreensão, aplicação e transmissão da Educação Financeira.

Refletindo sobre a minha maneira incorreta, naquela época, de lidar com o dinheiro, por ter crescido sem uma orientação competente acerca de gestão financeira, e na meia idade ter despertado para uma nova realidade, entendi que o comportamento financeiro deve ser escarafunchado com base na perspectiva de o dinheiro ser usado com inteligência financeira para sustentar uma programação de vida.

Reinaldo Domingos, na condição de educador, terapeuta financeiro e estudioso do comportamento humano em relação aos recursos econômicos e financeiros, tem afirmado que *qualquer dinheiro dado à criança ou ao adolescente constitui um meio para realizar seus desejos de consumo ou não. O mesmo ocorre no mundo dos adultos. O salário proveniente do trabalho é também um meio para a realização de projetos de vida. Por isso, ele defende a ideia de que as pessoas devem aprender a lidar com esse recurso chamado dinheiro logo na primeira infância. É nessa época, quando os pequenos ainda não estão alfabetizados, que a educação financeira deve ser introduzida no universo infantil. Isso deve ser feito por meio de ensinamentos que abordem o comportamento da criança e que trabalhem a formação de seus hábitos e costumes, de acordo com os exemplos que recebem dos pais, familiares e professores* (2015).

Convém ressaltar que a maioria dos adultos de hoje, e me incluo entre eles, não teve uma formação com base nas premissas da Educação Financeira e cresceu sem a noção de que o dinheiro pode proporcionar projetos de vida e não somente patrocinar o consumo. Para muitos deles, continua Domingos (2015), *...falar de administração do dinheiro significa meramente fazer uso de planilhas e cálculos matemáticos complexos. No entanto, o verdadeiro conceito de educação financeira vai muito além. Trata-se do* *comportamento do ser humano, ou seja, de hábitos e costumes construídos ao longo da vida, o que indica que estamos lidando com uma ciência humana – e não exata, como muitos podem pensar.*

Em se tratando da elaboração de empreendimentos importantes e significativos para sustentação da própria vida, será exigida de nós uma postura mais focada nas competências pessoais, a exemplo de uma vontade firme e determinada, organização, disciplina, planejamento, coragem para ousar, persistência, criatividade, detalhismo e visão de conjunto da realidade no entorno, a fim de fomentar as condições propícias à preparação, encaminhamento e desfecho. Para isso, conhecer-se, minimamente, é fundamental.

O conhecimento íntimo, consciente, sério, guiado e continuado de si mesmo deveria vir antes ou na medida em que fôssemos formando o corpo físico e consolidando as emoções, mas não é bem assim que funciona. É preciso investir no autoconhecimento, pelo menos no mesmo nível de interesse atribuído a um empreendimento em quaisquer áreas de sustentação da vida, seja na alimentação, saúde, vestuário, moradia, transporte, educação formal, qualificação profissional, lazer, afetividade, voluntariado e na subjetividade. Infelizmente, esta modalidade de empreendimento (autoconhecimento), quando acontece, ocorre a partir da meia idade, mediante a necessidade imperiosa de reavaliar se as ações e os ganhos pessoais logrados até então estão compatíveis com os anseios almejados, e a partir daí estabelecer um plano de ações específicas para atuar.

EMPREENDENDO UM NOVO COMPORTAMENTO

A partir de 2006, motivada pelo conhecimento do novo paradigma – Conscienciologia –, decidi redimensionar a minha existência, o que demandou maior atenção e adoção de providências sobre a gestão financeira, após me autodiagnosticar consumista. Não se deve perder de vista a influência das emoções sobre as escolhas financeiras, visto que o dinheiro permeia a trajetória humana em todas as suas áreas, até porque *ter dinheiro também é uma questão de autoconhecimento. Quem não sabe quem é, o que quer e onde quer chegar, dificilmente consegue atingir uma situação de sucesso financeiro* (DOMINGOS, 2013).

Ciente do autodiagnóstico – consumismo –, determinei-me a pesquisar vários autores, estudiosos do comportamento consumista e de gestão financeira pessoal, por meio de cursos, livros, artigos, reportagens, palestras e material em vídeos, disponíveis via internet, à medida que foram surgindo, porque este assunto, naquela época, não era tão difundido à maneira de hoje.

Pesquisei sobre armadilhas, hábitos e psicologia do consumo; mentes ansiosas e consumistas; finanças comportamentais; educação, terapia, reciclagem e organização da vida financeira. Além disso, pesquisei propósito de vida; efeito da emoção sobre as vendas; e ainda como quitar as próprias dívidas, identificar o seu "eu" financeiro, reduzir o impulso de comprar, gastar menos do que ganha e comprar com consciência. Outros temas relacionados com a autogestão emocional e financeira também foram explorados, com o objetivo de enfrentar e erradicar a condição consumista.

Iniciei uma pesquisa sobre mim empregando a Autoconscienciote-rapia, a qual sustenta que uma pessoa pode ser terapeuta de si mesma – em conformidade com a orientação do professor Nario Takimoto –, por intermédio de suas quatro etapas: Autoinvestigação, Autodiagóstico, Autoenfrentamento e Autossuperação. Esta é uma divisão apenas didática e, na prática, suas etapas podem acontecer quase simultaneamente, guardando cada uma delas especial grau de importância.

Na etapa autoinvestigativa, procura-se recordar os fatos marcantes da história pessoal, rever a genética e a mesologia (relação dos seres humanos com o meio em que vivem), tentando avaliar as repercussões desses fatores sobre a própria vida. Busca-se analisar o temperamento pessoal, os traços fortes e fracos, e as habilidades e inabilidades que já possui, além dos traços fortes que faltam.

A etapa autodiagnóstica é o momento das descobertas. Desvenda-se o problema prioritário a ser enfrentado, mas, também, o aparato singular (temperamento, traços personalíssimos etc) passível de ser usado em benefício particular para solucionar tal embaraço.

Na etapa do autoenfrentamento, as ações são pensadas, planejadas e executadas com a finalidade de erradicar a dificuldade autodiagnosticada.

Na etapa da autossuperação, o problema estará solucionado, configurando momento de êxito em relação aos desafios.

Com o avanço da autopesquisa, fui me dedicando aos estudos, aplicando o aprendizado sempre que possível, comemorando cada resultado satisfatório obtido e, com igual alegria, repassando a minha experiência autotransformadora a quem pudesse interessar, escrevendo artigos, participando de seminários, sendo entrevistada em programas de rádio, ministrando palestras e cursos.

A postura pessoal encontrou ressonância na fala do filósofo e escritor Mário Sérgio Cortella, que aponta três caminhos para o sucesso: ensinar o que se sabe – *generosidade mental*; praticar o que se ensina – *coerência ética*; perguntar o que se ignora – *humildade intelectual*.

Nesse meio tempo (2013), li o livro *Terapia financeira*, de Reinaldo Domingos, e houve uma contribuição marcante da **Metodologia DSOP** para o meu aprimoramento e para a expansão do aprendizado sobre como administrar as finanças pessoais.

Ao colocar em prática a **Metodologia DSOP**, junto à vivência da Autoconsciencioterapia, percebi que o pilar Sonhar enaltece a imensa capacidade humana de se reinventar, a partir da vontade firme, determinada e bem intencionada de elaboração de planos mentais que atendam, racionalmente, a perguntas básicas como: qual é o sonho? Quanto custa? Quanto vou guardar? Em quanto tempo realizarei? Acrescentando-se ainda: quais são as justificativas, benefícios, requisitos e riscos presentes? Cabe ao pilar Sonhar sustentar, com persistência e esperança, o ânimo durante o engajamento no processo de reciclagem autorrenovadora.

Já os detalhes, relativos ao comportamento financeiro no pilar Diagnosticar, devem ser anotados durante um mês, podendo se estender para três meses, a depender da necessidade de se tirar uma média da remuneração mensal.

O acompanhamento do estado íntimo do pesquisado e do pesquisador (mesma pessoa) há de ser objetivo, justo, íntegro e em cima do lance, no momento em que ocorrem as aquisições dos bens e serviços.

Essa postura investigativa da referida **Metodologia DSOP** vai sugerir pistas para conhecer o quanto, com o quê, para quê e como são gastos os próprios recursos financeiros, fazendo aflorar até mesmo as causas do consumo desnecessário, inadequado ou excessivo. Os achados devem ser registrados para análises, reflexões, tomadas de decisões posteriores e para a elaboração do novo padrão financeiro, mais condizente com as novas pretensões.

Não será difícil perceber que é possível economizar alterando a qualidade, a quantidade, utilizando a substituição ou mesmo a exclusão de produtos e serviços consumidos. Para isso, deve-se orientar a pesquisa de tal modo que leve à mudança comportamental tão desejada, decorrente do novo padrão mental propiciado pela Educação Financeira, para se fazer escolhas mais sensatas. Nesse sentido, formulei mais questionamentos: para onde vai a maior parte dos meus rendimentos? Quais são as minhas principais despesas? Todas essas despesas são necessárias? Quais despesas podem e devem ser reduzidas?

Os dois pilares Sonhar e Diagnosticar, levados a sério e realizados com dedicação, garantiram, para mim, a continuidade da aplicação da **Metodologia DSOP**, ao inserir o valor atribuído aos sonhos no orçamento, antes mesmo de quaisquer despesas. O dinheiro, patrocinador dos sonhos, foi economizado graças ao trabalho minucioso, decorrente do levantamento dos gastos, por ocasião do Diagnóstico. O Poupar, por sua vez, não ficou ao acaso, sem destinação; ao contrário, foi atrelado aos sonhos preestabelecidos.

METODOLOGIAS: AUTOCONSCIENCIOTERAPIA E DSOP

Acrescento, a seguir, a contribuição de técnicas, recursos e mecanismos empregados em uso conjunto com as metodologias autoconscienciotérápica e DSOP:

• Técnica do uso do traço-força.

É importante e produtivo investir na descoberta dos traços-força (traços mais positivos de uma pessoa), porque são eles que nos dão a condição de liderar com eficiência qualquer projeto sonhado, encabeçando-o, gerindo-o e conduzindo-o até o final.

Indico duas opções:

• **Primeira:** faça uma lista em uma folha de papel, verticalmente separada por um traço no meio. De um lado, anote as habilidades, capacidades, qualidades, traços-força e os talentos; do outro, escreva os defeitos, inabilidades, incapacidades e os traços-fardo, ou seja, os pontos fracos, aqueles que devemos melhorar. No final, confira quantos listou em cada coluna e quais deles são mais utilizados por você no dia a dia.

• **Segunda:** escolha cinco pessoas do seu convívio, amigas ou não, e peça para elas listarem cinco qualidades e cinco defeitos vistos em você. Recolha o material e analise-o imparcialmente.

Achados pós-experimentos. Posso compartilhar alguns dos meus traços pessoais descobertos e/ou ratificados com essa técnica: vontade firme e determinada, organização, motivação, disciplina, persistência e comunicabilidade; mas também fiquei ciente de que sou controladora, de que costumo me justificar bastante e de que minha pontualidade fica a desejar em algumas situações específicas –, e, sem dúvida, faltou educação financeira.

• Técnica do estado vibracional (EV).

Esta técnica, criada pelo médico, professor e parapsíquico, Waldo Vieira (1994), orienta para o experimentador ficar ereto, com os pés separados um do outro, cerrar as pálpebras e deixar os braços caírem ao longo do corpo físico. Dirigir o fluxo de sua bioenergia através dos chacras, pela impulsão da vontade, da cabeça aos pés e dos pés à cabeça, aumentando, gradualmente, a velocidade da impulsão pela sua vontade decidida, até sentir o desaparecimento do movimento do vai e vem das bioenergias e, em seu lugar, sentir a sua psicosfera (campo energético e emocional que envolve o indivíduo, o grupo ou o ambiente) vibrante.

O uso desta técnica tem por finalidade provocar a soltura dos corpos físico, emocional e mental. A liberação do corpo mental, também conhecido como o corpo do discernimento, desencadeará maior lucidez na pessoa, deixando-a mais racional para fazer escolhas.

Achados pós-experimentos. Lancei mão desta técnica quando estive em shopping centers, grandes lojas de departamentos e similares, onde o desejo de comprar ficava mais exacerbado pelo ambiente propício às compras ou pela atuação técnica dos vendedores. E isso, já dizia o consultor de *marketing* motivacional Rogério Caldas (2009), que se o vendedor quisesse chegar ao bolso do seu cliente, o caminho deveria ser através do coração.

É muito importante adquirir conhecimentos para se fortalecer e fazer frente ao desejo de consumir, o que não exclui a adoção de outras medidas capazes de inibi-lo, como o caso da movimentação das próprias bioenergias.

• Técnica do refletir antes de agir.

A reflexão nos leva a ver e rever conceitos, teorias, hipóteses, valores, princípios e comportamentos em diversas situações corriqueiras, objetivando a reparação ou a prevenção de equívocos. Claro que a prevenção é a condição mais aconselhável, porém, se o grau de maturidade da maioria de nós estiver mais compatível com a atuação terapêutica, torna-se imperativo o uso desta técnica.

Memorizei vários questionamentos para me fazer diante da iminência de consumir:

- **A necessidade que sinto de comprar determinada coisa é realmente minha ou foi plantada pelo mercado consumista e massificador?**
- **Para que e a quem servirá tal necessidade?**
- **Como será satisfeita?**
- **Qual é o momento adequado para a minha satisfação?**
- **Na minha análise crítica, qual é o parâmetro de necessidade que usarei?**

- **Que traços-força, reconhecidamente meus, devo usar?**
- **Que traços-força faltantes devo acrescentar à minha conduta para conseguir o resultado esperado?**

Achados pós-experimentos. De tanto repetir os questionamentos nas situações que os exigiram, consegui concatenar os pensamentos e harmonizar os sentimentos e as emoções, pondo-me a salvo de fazer péssimas escolhas financeiras em muitas ocasiões.

Devo ressaltar que não se tratou de mera repetição, precisei, aplicando a lei do maior esforço, colocar meus traços-força em jogo, para sintonizar com as mensagens e incorporá-las ao novo *modus operandi*, rechaçando o consumo indevido.

• Técnica da utilização de planilhas financeiras.

As planilhas financeiras, das mais simples às mais sofisticadas, servem para registrar a movimentação financeira mensalmente.

Achados pós-experimentos. Há bastante tempo vinha registrando minhas receitas e despesas, mas apesar de ser uma atividade salutar, mostrou-se insuficiente para identificar a minha condição consumista, que foi desvendada pelo olhar paradigmático conscienciológico, quando pouco se falava sobre educação financeira.

Este paradigma consciencial prega que algumas pessoas trazem consigo o sentimento de ter algo importante (programação existencial, missão) a cumprir nesta vida, cuja revelação pode ocorrer sem rodeios, o que é raro; ou por desconfiança íntima com o passar dos anos. Apoiando-me nessas ideias, encontrei justificativas para as minhas aspirações existenciais e resolvi ressignificar meus pensamentos, sentimentos e bioenergias, com a intenção de promover as mudanças comportamentais prioritárias e imprescindíveis para efetivá-las.

A planilha financeira forneceu informações valiosas sobre a maneira deseducada de como eu lidava com as finanças; sobre as atitudes desleixadas ao usar o dinheiro sem lhe dar o devido valor; sobre como me comportei diante das novas aquisições de produtos e serviços, quanto ao desapego de marcas; e sobre a motivação íntima de cada compra.

Por outro lado, a planilha também foi receptora de lançamentos decorrentes dos novos comportamentos financeiros, resultantes das modificações autopropostas, norteadas, principalmente, pelas duas abordagens dos paradigmas já mencionados: Conscienciologia e **Metodologia DSOP**.

Constatei que, quanto mais completos e detalhados fossem os lançamentos feitos na planilha, mais informações podia colher para usar em benefício próprio, ajudando-me a controlar os gastos excessivos em determinados itens, apesar de parecerem importantes, necessários e urgentes. Também aprendi a ficar alerta ao efeito cascata de determinadas aquisições, evitando-as dentro do possível. E ainda podia conferir, a qualquer momento, a minha situação financeira, proporcionando-me a calma e a confiança de que eu necessitava para seguir adiante.

• Recurso: automotivação imaginativa.

Trata-se de uma conduta espontânea que acontece naturalmente, em que me imagino comemorando o final de um projeto – ou a realização de um sonho – que ainda está em fase de planejamento ou de execução. Esse movimento de me deslocar, mentalmente, de qualquer ponto de um projeto em andamento para a entrega final, proporciona indescritível alegria pelo sentimento de dever cumprido, como se o projeto já estivesse de fato pronto e acabado.

Achados pós-experimentos. Esse sentimento de dever cumprido antecipado potencializa o esforço pessoal e reforça a motivação que alimenta o desejo de concretizar o projeto particular em todo o seu trajeto, entre acertos, desvios e correções de rota.

• Recurso: tornar públicos os projetos pessoais.

Trata-se de uma conduta espontânea que me impulsiona a compartilhar projetos pessoais ainda pendentes, justamente por saber que as pessoas que tomarem conhecimento voltarão a me perguntar sobre eles em novos encontros. É interessante notar que, ao compartilhar um projeto novo ou em execução com alguém, repassa-se, igualmente, a expectativa em torno da finalização do projeto, algo como se fosse um compromisso assumido, conferindo a quem ouve o direito de fazer indagações sobre o assunto.

Achados pós-experimentos. Ao tornar públicos os projetos, nem se faz necessário agendar a data da entrega, porque sempre haverá pessoas que não a deixarão esquecê-los.

• Recurso: reforço de atitudes encorajadoras.

Considerando o próprio potencial energético e a possibilidade de as energias transportarem os pensamentos e sentimentos para onde a pessoa os destinar, compreende-se que é possível qualificar e quantificar o entorno pessoal por meio das energias. A ideia é impregnar essas energias com pensamentos e sentimentos objetivos, justos e íntegros, para usá-los se e quando estiver fraquejando na condução de um projeto ou empreendimento.

Achados pós-experimentos. Posso, sempre que quiser, criar reserva energética personalizada, enriquecida com os atributos pessoais pertinentes às necessidades da vez, para gravitar ao meu redor.

• Mecanismo: distanciamento da atmosfera consumista.

Existe um modo de proceder dos lojistas e vendedores para atrair a atenção dos clientes, ao criar uma atmosfera apropriada para encantá-los e converter uma simples piscadela, na vitrine, em venda garantida.

Achados pós-experimentos. O estudo sobre técnicas de vendas e o conhecimento teórico e prático sobre energia me permitiram compreender a intenção dos lojistas e vendedores ao criarem uma atmosfera favorável às vendas. Razão pela qual, ao me sentir propensa a comprar, distancio-me do seu raio de influência, afastando-me da loja, do vendedor e do objeto cobiçado. Essa atitude me permite refletir com mais clareza a respeito da necessidade ou não de determinada compra.

• Mecanismo: consulta prévia à planilha financeira.

É o condicionamento de consultar a planilha financeira pessoal para se assegurar de que determinado gasto pode ser concretizado.

Achados pós-experimentos. Esse mecanismo ajudou na contenção de impulsos consumistas pelo fato de, a cada consulta feita nas minhas contas com o intuito de promover uma compra, acabar me conscientizando do óbvio – gastar menos do que ganho –, após conferência da necessidade e oportunidade.

• Mecanismo: estômago cheio evita consumismo.

O estômago cheio pode refletir na mente humana a sensação de saciedade apaziguadora dos ânimos e das carências, criando a condição ideal para quem estiver fazendo compras manter-se fiel à lista de feira. Segundo pesquisadores da área da Psicologia, a tendência natural de uma pessoa fazer compras estando faminta é compensar a falta de saciedade alimentar através do preenchimento do carrinho com compras, como se fosse o próprio estômago.

Achados pós-experimentos. Aprendi que não se deve acreditar em todas as informações recebidas sem antes analisá-las com raciocínio crítico, para não cair em autoengano. A experimentação ainda é a melhor postura para validá-las ou não. Servindo-me do direito de descrer e de experimentar, testei e ratifiquei o mecanismo em questão, assim como fiz com os demais.

Proposições exitosas sob a ótica dos procedimentos autoinvestigativos

Pode-se registrar sete sintomas ou sinais passíveis de interferir na tomada de decisão do consumidor desatento, dispostos em ordem alfabética:

1. Ansiedade. O estado emocional é capaz de disparar o consumismo pela urgência autoimposta da realização dos projetos pessoais.

2. Autoestima. A autoimagem associada mais ao ter e menos ao ser, na atual sociedade de consumo, pode provocar a aquisição desenfreada de bens e serviços.

3. Braveza. A ferocidade, a sanha e a raiva podem predispor a pessoa a buscar compensação por meio do consumismo.

4. Emocional. Os estados emocionais de grande inquietude, como angústia, tristeza, melancolia, carência, aflição e sofrimento, podem levar a pessoa ao consumo, em busca de um alívio temporário.

5. Inveja. O desejo descomedido de possuir o bem alheio, associado à baixa autoestima, induz a pessoa invejosa a consumir para se sentir inserida no contexto da pessoa invejada.

6. Mágoa. O sentimento causado por se sentir ofendido por alguém pode ser atenuado pelo prazer de comprar.

7. *Status*. O consumo, como garantia de aceitação e valorização, acaba se transformando em verdadeira punição financeira e emocional.

Proposições exitosas sob a ótica da maturidade no autoenfrentamento

O autoenfrentamento ao consumismo pode promover mudanças re-educativas. Veja dez realidades listadas alfabeticamente:

1. Antiemocionalidade. A maneira de evitar o consumo impulsivo através do equilíbrio emocional.

2. Autoaferição. Os resultados positivos dos autoinvestimentos e a maior mobilidade da programação de vida (missão de vida) funcionando como sinalizadores evolutivos.

3. Autoassistência. O processo de superação por meio da união dos esforços pessoais.

4. Autoestima. O contentamento pelos resultados positivos e retroalimentadores alcançados de modo continuado.

5. Autoconfiança. A capacidade passível de ser desenvolvida por quem, não se contentando apenas em duvidar, busca pesquisar e analisar profundamente a questão para tirar as próprias conclusões.

6. Autogestão. A priorização de áreas específicas mantendo o foco na programação de vida.

7. Autolibertação. As metas evolutivas sobrepondo-se aos velhos hábitos de consumo.

8. Autovigilância. Os cuidados com possíveis recaídas.

9. Racionalidade. A atenção às armadilhas do *marketing*, como música ambiente, mimos, degustações, promoções e parcelamentos.

10. Saciedade. O hábito de não ir ao supermercado com o estômago vazio, para evitar a tendência de encher o carrinho com compras desnecessárias.

Proposições exitosas sob a ótica da reciclagem do comportamento pessoal

Importa considerar quatro variáveis associadas ao ato de consumir:

1. Hábitos. O aprendizado progressivo entre ações, resultados e circunstâncias associados geram os hábitos.

2. Indutores. Elementos circunstanciais, a exemplo dos indutores de comportamento, integram a formação dos hábitos.

3. Impulsividade. A falta de planejamento cede lugar à impulsividade quando o hábito de consumo é acionado por indutores.

4. Autorreeducação. É possível modificar comportamentos e estabelecer indutores e novos hábitos saudáveis, positivando assim a tomada de decisão.

Você, leitora (ou leitor), quer ser empreendedora de si mesma? Já avaliou o grau de desperdício dos ativos financeiros pessoais? Consegue identificar os traços fracos de personalidade, responsáveis pelo bolso vazio, e os traços fortes capazes de neutralizá-los, fazendo a virada financeira? Está ciente da importância de desenvolver o autoconhecimento e a formação do pé-de-meia para o cumprimento das metas existenciais prioritárias?

CONSIDERAÇÕES FINAIS

Para mim, ficou claro que a satisfação tem um preço – escravidão pessoal – e me dispus a questioná-la, mudando a atitude diante da vontade de consumir e trocando a certeza da satisfação plena pela aceitação da insatisfação e da impossibilidade de ter tudo que desejasse, como bem ensina a autora e consultora Márcia Tolotti (2007).

A vantagem de ter avançado nas pesquisas de campo por meio de várias frentes (metodologias, técnicas, recursos e mecanismos) foi porque os resultados obtidos em umas delas corroboraram as outras, aumentando a credibilidade nos procedimentos utilizados e a autoconfiança na condição de pesquisadora-sujeito da experiência.

Compreendi a importância do discernimento para lidar com as finanças, com as fissuras e carências íntimas, e com os mecanismos de defesa e de compensação surgidos durante os momentos de testes que poderiam levar ao desejo de consumir.

Tais testagens seguiram um rito: escolhi um tipo de ação, planejei o passo a passo nos mínimos detalhes e me preparei para aplicá-la na primeira oportunidade em que a dificuldade surgisse.

A princípio, inúmeras oportunidades foram desperdiçadas por não me lembrar do que fazer nos momentos-teste. Longe de recuar, reforcei mentalmente o passo a passo da ação para as próximas investidas, até conseguir relembrá-la e aplicá-la na hora certa. Com persistência foi possível antever a dificuldade e abortá-la a tempo. A dificuldade foi enfrentada e com a repetição do experimento cheguei à superação.

Empoderada pela superação do hiperconsumismo, restabelecimento do poder aquisitivo e equilíbrio financeiro, ao invés de me acomodar, continuei investindo no crescimento pessoal, na conscientização de mim mesma e no que vim fazer de melhor nesta dimensão, por exemplo, desempenhar o papel de mãe mais assistencial e menos controladora.

Este novo empreendimento, assegurado pela condição financeira já equilibrada, tem por finalidade contribuir com a qualificação profissional das duas filhas, objetivando a reinserção no mercado de trabalho de maneira mais aprimorada, visando futuro promissor com autonomia financeira e liberdade de escolha da vida que queiram viver.

Ultimando estas considerações, observo que o aprendizado resultante da experiência empreendedora exitosa aqui exposta, quanto à compreensão e erradicação do próprio comportamento consumista, está sendo replicado, com as devidas adequações, ao meu novo empreendimento (investimento pessoal e filial). Por esta razão, pode, também, servir de inspiração ou mesmo de um caminho para quem esteja planejando empreender projetos de significativa relevância para o crescimento íntimo ou de outra natureza e, quiçá, possa reverberar positivamente sobre o maior número de pessoas.

LinkedIn: **fatimaduda5438**
e.mail: **mafndu@gmail.com**

REFERÊNCIAS BIBLIOGRÁFICAS

DOMINGOS, Reinaldo. *Conheça a importância da Educação Financeira*. Sem data. Disponível em https://www.dsop.com.br/educacao-financeira-dsop/. Acesso em: 27nov.2020.

DOMINGOS, Reinaldo. *Terapia financeira - Realize seus sonhos com Educação Financeira*. 2ª Ed. São Paulo, SP: DSOP Educação Financeira, 2013.

DOMINGOS, Reinaldo. *Mesada não é só dinheiro*. 1ª Ed. São Paulo, SP: DSOP Educação Financeira, 2015.

CALDAS, Rogério. *A emoção vende!* 1ª Ed. Recife, PE: MXM Gráfica e Editora Ltda, 2009.

MANSUR, Phelipe. *Empreendedorismo evolutivo*. 1ª Ed. Foz do Iguaçu, PR: Editares, 2015.

TOLOTTI, Márcia. *Acabe com o endividamento – As armadilhas do consumo:* Coleção Expo Money, Rio de Janeiro: Elsevier, 2007.

VIEIRA, Waldo. *700 Experimentos da Conscienciologia*. 1ª Ed. Rio de janeiro, RJ: Instituto Internacional de Projeciologia, 1994.

IV Jornada de saúde da consciência. 1ª Ed. Foz do Iguaçu, PR: Editares, 2006.

Canal do Cortella, 2021. Disponível em: [https://www.youtube.com/watch?v=tuHyvtcV10k]. Acesso em: 28 de maio de 2024.

Autossuperação do Consumismo (nº. 3333; 21.03.2015). Disponível em: [https://www.youtube.com/watch?v=YhZWACqXIdw]. Acesso em 28 de maio de 2024.

Bolso Vazio (nº. 4606; 14.09.2018). Disponível em: [https://www.youtube.com/results?search_query=bolso+vazio]. Acesso em 28 de maio de 2024.

Hiperconsumismo: um caso de analfabetismo financeiro (04/2024). Disponível em: [https://abefin.org.br/hiperconsumismo-um-caso-de-analfabetismo-financeiro/]. Acesso em 28 de maio de 2024.

Reeducação Financeira: antídoto do consumismo (06/2013). Disponível em: [https://issuu.com/jornaldehoje/docs/12062013]. Acesso em 08 de janeiro de 2025.

Valéria Carmanini nasceu em 1973, em uma cidade do interior de Minas Gerais, filha de Joaquim Goulart Cruz e Maria Dalva Carmanini Cruz. Desde cedo, foi moldada por duas grandes paixões, aparentemente distintas, que estão presentes na sua vida até hoje: a atividade física e o universo das finanças.

Sua jornada acadêmica começou com a escolha de Educação Física, área que lhe permitiu unir sua paixão pelo movimento e pelo cuidado com a saúde. Formou-se na Universidade Federal de Juiz de Fora (UFJF) e, posteriormente, decidiu expandir seus horizontes profissionais com um MBA em Negócios e Empreendimentos.

Sua experiência como educadora começou há 30 anos e seu orgulho é ter dedicado sua carreira ao ensino e à transformação de vidas. Atua como professora na Prefeitura Municipal de Juiz de Fora, em um projeto que reflete sua missão de promover educação do movimento e educação financeira para seus alunos.

Além do trabalho em sala de aula, é também educadora do comportamento financeiro, membro da Associação Brasileira de Profissionais de Educação Financeira (ABEFIN), tem CPA-20 Anbima (certificação da Associação Brasileira das Entidades dos Mercados Financeiros e de Capitais) e faz palestras, cujo foco é transmitir conhecimento e conscientizar as pessoas sobre a importância de uma gestão financeira saudável para a saúde física e mental, bem-estar e qualidade de vida.

FOTO: BRUNA PIRES

Valéria Carmanini

MULHERES, DINHEIRO E EMPREENDEDORISMO *vamos discutir a relação?*

Felicidade é um sentimento pessoal e subjetivo porque é diferente para cada um. E pode ser influenciado por valores pessoais, culturais e pela maneira como cada pessoa encara a vida. Mas, de acordo com uma pesquisa realizada pelo psicólogo americano Angus Campbell e publicada em seu livro *The sense of wellbeing in America*, ter a sensação de estar no controle da própria vida é um dos mais comuns indicadores de felicidade e sentimentos positivos de bem-estar.

A possibilidade de podermos tomar decisões que refletem nossos desejos e valores e obtermos um certo nível de autonomia e independência contribui significativamente para o nosso bem-estar emocional. Estar no controle da própria vida nos permite escolher nossos relacionamentos e carreira, definir objetivos e metas e, até mesmo, lidar com adversidades e buscar soluções. Em relação ao dinheiro, uma das suas singularidades é a possibilidade que ele nos oferece de ter controle sobre nosso tempo e poder de escolha.

Nós, mulheres, tivemos avanços significativos na formação profissional. Conquistamos nosso espaço no mercado de trabalho, inclusive em profissões dominadas por homens, refletindo mudanças sociais, culturais e econômicas. E, apesar de termos conquistado maior autonomia financeira, nossa relação com o dinheiro ainda é complexa e multifacetada. Não economizamos tanto quanto gostaríamos. Somos em menor número no mundo dos investimentos. Ocupamos menos espaço no setor financeiro. E ainda é comum contarmos com ajuda de terceiros para administrarmos o patrimônio que construímos.

Ao mesmo tempo em que recebemos mensagens sobre a importância de sermos independentes financeiramente, também recebemos mensagens afirmando que o papel da mulher gira mais em torno das relações afetivas do que do dinheiro. E isto acaba limitando o nosso interesse por aquisição de riquezas e pelo desenvolvimento de habilidades para lidar com as finanças pessoais e corporativas. A educação do comportamento financeiro, por sua vez, desempenha um papel essencial na busca pela liberdade financeira e pelo sucesso nos empreendimentos.

EU E O DINHEIRO: UMA RELAÇÃO EM BUSCA DE LIBERDADE

Nasci em uma família de pai comerciante e mãe dona de casa. Na geração da minha mãe, de *baby boomers* (nascidos entre 1946 a 1964), as mulheres ainda eram muito dependentes financeiramente de seus companheiros. Era comum os homens saírem para trabalhar e as mulheres ficarem cuidando do lar e dos filhos. A autonomia financeira feminina começou a ganhar forças a partir da geração X (nascidos de 1965 a 1980).

Apesar da minha geração ser de mulheres que ainda não recebiam estímulos para serem autônomas financeiramente, este desejo sempre fez parte de mim. Desde criança gostava de lidar com o dinheiro, até mesmo nas brincadeiras. Meu jogo preferido era o Banco Imobiliário. Lançado nos Estados Unidos em 1935 e no Brasil em 1944, ainda considero o melhor jogo para ensinar educação do comportamento financeiro. Além de divertido, ajuda a desenvolver a inteligência financeira e as estratégias para construir seu patrimônio enquanto compra, aluga e vende imóveis.

Comecei a trabalhar bem cedo, com prestação de serviços, antes mesmo de concluir a faculdade. Mas, buscando obter alguma segurança financeira, após a perda de patrimônio da minha família em decorrência do Plano Collor, fui parar no setor público. Mesmo assim, a vontade de ter autonomia e liberdade me manteve também no setor privado como profissional autônoma.

Formei-me em Educação Física, um curso voltado para a habilitação de profissionais para atuarem nos mercados de educação e saúde. E como acontece na maioria dos cursos superiores no Brasil, não tive acesso a conhecimento nem desenvolvimento de habilidades para abrir e gerir meu próprio negócio. Nesse sentido, a formação continuada foi essencial para complementar minha formação técnica, adquirir novas habilidades e conhecimentos, aumentar a valorização profissional, ampliar meu leque de possibilidades e contribuir para a formação da minha rede de contatos.

Nesse processo de formação continuada, quero destacar que a educação do comportamento financeiro melhorou minha relação com o dinheiro, ajudou a construir minha segurança e liberdade financeira, auxiliou muito na precificação dos meus serviços profissionais e trouxe a oportunidade de ingressar numa nova carreira: a de Educadora Financeira.

MULHERES E DINHEIRO: UMA RELAÇÃO COMPLEXA

Durante nossa vida recebemos mensagens implícitas ou explícitas de que o dinheiro contrasta com a natureza feminina de sermos acolhedoras, cooperativas, altruístas e responsáveis pelos cuidados do lar e dos filhos. E isto, somado à sobrecarga de responsabilidades, acaba afetando a nossa relação com o dinheiro. Aqui quero apresentar alguns dos desafios financeiros vividos por muitas mulheres e como superá-los, transformando-os em oportunidades de negócios e permitindo alcançar a liberdade financeira.

Mensagens conflitantes sobre carreira e autonomia financeira

Ao mesmo tempo em que muitas mulheres recebem mensagens sobre a importância de terem uma carreira e se tornarem autônomas financeiramente, também recebem mensagens, como dito anteriormente, de que o seu papel gira menos em torno do dinheiro do que das relações afetivas. E isto acaba limitando o interesse pela aquisição de riquezas e do desenvolvimento de habilidades para lidar com o dinheiro.

Recomendações: para você construir riquezas e acumular patrimônio, e aqui estou me referindo à riqueza financeira, é preciso mudar o seu *mindset* e desenvolver a inteligência financeira. Por isto, invista na sua educação financeira e comece gradativamente a modificar seus hábitos em relação ao dinheiro. Atitudes como fazer um diagnóstico dos seus ganhos e gastos, reduzir despesas, cortar supérfluos e começar a poupar e investir são essenciais para alcançar a sua liberdade financeira.

Empregos mal remunerados e liberdade financeira

Muitas mulheres permanecem em empregos mal remunerados, às vezes até sofrendo assédio moral, ou deixando de realizar o seu sonho de empreender, porque não construíram sua liberdade financeira.

Recomendações: ter um pouco de riqueza, patrimônio, dinheiro em aplicações financeiras significa possibilidade de escolhas. Já pensou não estar presa financeiramente a um trabalho que não a faz feliz e poder montar seu próprio negócio? Porque mesmo que você não use capital próprio para empreender, irá precisar de uma reserva financeira para se manter até que seu empreendimento comece a dar lucro. Como reserva financeira, recomendo um montante entre seis a doze meses do seu custo mensal, investido em uma aplicação financeira com uma certa facilidade para resgatar.

Maternidade e carreira

Conciliar maternidade e trabalho pode ser algo complexo para muitas mulheres, exigindo planejamento, apoio e flexibilidade. E a necessidade de dedicar um tempo maior aos cuidados dos filhos faz com que muitas mulheres se afastem por um período das suas atividades profissionais ou realizem trabalhos de forma assistemática. Como consequência, são penalizadas na progressão de carreira, nos ganhos financeiros, na poupança, nos investimentos e na aposentadoria.

Recomendações: assim como você planeja a chegada do novo membro da família com enxoval, chá revelação, aumento de gastos (alimentação, fraldas, roupas, acessórios, plano de saúde, creche), também é necessário um planejamento das suas finanças pessoais. Fazer um colchão financeiro para este período e continuar as contribuições previdenciárias e aportes na previdência privada são imprescindíveis para não comprometer sua aposentadoria. Também considero este um excelente momento para empreender, não só pela possibilidade de ter um horário de trabalho mais flexível, como também pelas oportunidades que a própria maternidade pode trazer. Aproveite suas experiências como mãe para desenvolver produtos e serviços, oferecendo soluções para outras mulheres que estão vivendo o mesmo momento que você.

Gastos pessoais com a casa, com os filhos, e o altruísmo

Mulheres têm fama de gastarem mais que os homens. Fato ou tabu?

A questão não é tão simples quanto parece. Em primeiro lugar, existe uma desigualdade salarial. De acordo com o 1º Relatório Nacional de Transparência Salarial e de Critérios Remuneratórios, divulgado pelo Ministério do Trabalho e Emprego (MTE), divulgado em 2024, as mulheres recebem 19,4% a menos do que os homens. Além disso, produtos e serviços femininos, como higiene pessoal, roupas e estética, geralmente são mais caros se comparados aos masculinos. E não para por aí. Mulheres têm tendência a comportamento altruísta, ou seja, colocam as necessidades dos outros acima das suas. Mães solo enfrentam duplo desafio, de cuidadora e provedora, tendo que prover necessidades básicas de moradia, alimentação e educação. Estes desafios acabam por interferir na capacidade de poupança, reserva financeira e acúmulo de riquezas.

Recomendações: a jornada de muitas mulheres, particularmente a das mães solo que abrem mão de seus próprios sonhos em prol do futuro de seus filhos, é repleta de sacrifícios. Mas, manter uma boa organização financeira, fazer escolhas, estabelecer prioridades quando se trata de gastos e buscar conhecimento financeiro são estratégias para manter a saúde financeira e conseguir poupar e investir para a realização também de seus sonhos.

Menopausa

Você deve estar pensando: O que tem a ver a menopausa com finanças e empreendedorismo?

A menopausa é um evento fisiológico normal que ocorre, em média, entre 45 a 55 anos, e marca o fim da vida reprodutiva da mulher. As alterações hormonais decorrentes desta fase podem impactar severamente a qualidade de vida, afetando o desempenho no trabalho, a trajetória profissional e, consequentemente, a vida financeira. De acordo com dados da Associação Brasileira das Entidades dos Mercados Financeiros e de Capitais (ANBIMA), 65% das mulheres com mais de 45 anos não têm nenhum tipo de investimento.

Recomendações: um estilo de vida mais saudável, incluindo a prática de exercícios físicos e uma boa nutrição, associadas ao acompanhamento profissional e terapias adequadas, pode reduzir fortemente os impactos das alterações hormonais na qualidade de vida e, consequentemente, na carreira e nas finanças pessoais. E, assim como na gravidez, considero esse um excelente momento para a mulher, que está no auge da vida profissional, aproveitar suas experiências e expertise numa determinada área para empreender e, até mesmo, desenvolver produtos e serviços para mulheres de 40, 50 anos ou mais.

Conservadorismo para empreender e investir

Nós, mulheres, tivemos grandes avanços em relação à participação no mercado de trabalho, na abertura de empresas e na autonomia financeira. Mas ainda existem muitos obstáculos a serem vencidos. De acordo com o Serviço Brasileiro de Apoio às Micro e Pequenas Empresas (SEBRAE), mulheres abrem negócios quase na mesma proporção do que os homens. No entanto, apesar de maior escolaridade, os empreendimentos são menos inovadores, têm lucros menores, pouca diversificação e baixa potencialidade de internacionalização.

Já na área de investimentos, com a popularização da educação financeira, muitas mulheres começaram a mudar seus perfis de investimento. Nos últimos 5 anos, o número de mulheres investidoras na Bolsa de Valores do Brasil (B3) ultrapassou a marca de um milhão. (www.b3.com.br). Este número ainda é bem menor que o de CPFs masculinos cadastrados na bolsa, mas as ações têm sido o produto preferido da maioria das investidoras.

Recomendações: muitos são os obstáculos enfrentados pelas mulheres quando o assunto é empreendimento, como maternidade, acúmulo de responsabilidades, preconceito de gênero e, até mesmo, falta de autoconfiança. E empreender traz riscos e dificuldades, mas também enormes oportunidades. Assim como nos investimentos, para ter retorno é preciso correr alguns riscos. Já a busca por informações, consultorias, construção de uma boa rede de relacionamento e o desenvolvimento de habilidades comportamentais, emocionais e sociais ajudam a minimizar esses riscos.

COMO SE PREPARAR PARA INICIAR UM NEGÓCIO

Nós somos extremamente criativas e hábeis em fazer várias coisas ao mesmo tempo. Representamos a maioria com ensino superior completo (21,3%), de acordo com dados do Instituto Brasileiro de Geografia e Estatística (IBGE). Porém, para empreender não basta você ter uma boa ideia ou formação técnica em uma área específica. É preciso planejamento, estudo de mercado e uma boa dose de resiliência. O SEBRAE aponta a falta de planejamento como um dos vilões do fechamento de empresas no Brasil.

Minha experiência é com o setor de serviços educacionais e de saúde. Mas, independentemente da sua atividade, é importante que você se prepare para iniciar um negócio. Para tirar a sua ideia do papel, vou ajudar com alguns passos:

- **Identifique uma oportunidade de negócio.** Este é o primeiro passo para começar a empreender. Minha recomendação é que você escolha uma área em que tenha formação, familiaridade ou que seja o exemplo do serviço ou produto que deseja lançar.

- **Estude o mercado.** Para garantir que exista uma demanda pelo produto ou serviço que você deseja ofertar, busque dados e informações sobre o mercado. Identifique as necessidades do seu cliente em potencial, analise se existe um nicho que necessita do seu produto ou serviço e se a sua ideia tem viabilidade para ser implementada, e preste atenção também no que o seu concorrente está oferecendo.

- **Defina seu público consumidor.** Delinear e conhecer seu público-alvo é fundamental para que um empreendimento seja bem-sucedido. Para isto, determine características e comportamentos, tais como: dados demográficos (sexo, idade, classe social), hábitos de consumo, desejos e necessidades, desafios enfrentados.

- **Estabeleça um diferencial competitivo.** Para atrair a atenção de clientes, despertar interesse dos consumidores e se destacar da concorrência, crie características únicas de seu produto ou serviço.

- **Faça um planejamento financeiro.** Calcule o valor do investimento inicial para que seu projeto seja colocado em prática e mais um capital de giro para manter seu empreendimento até que ele comece a dar lucro. O capital inicial pode ser proveniente de várias fontes. As mais comuns são: investimento próprio, participação de sócios, linhas de crédito, investidores.

- **Elabore um plano de negócio.** O plano de negócios é um documento essencial para todo empreendedor. Através dele você irá definir o modelo do seu negócio, os objetivos, os recursos, as metas e os caminhos a serem percorridos. O SEBRAE oferece suporte para empreendedores na criação de plano de negócios, mas você também pode contratar uma consultoria para ajudar a realizá-lo.

BENEFÍCIOS DE FORMALIZAR UM NEGÓCIO

Muitas empreendedoras brasileiras trabalham de maneira informal, ou seja, não têm nenhum registro da atividade nem a preocupação de formalizar o negócio. Entre as barreiras para a não formalização do negócio estão: sobrevivência imediata, desinformação sobre custos e benefícios, medo da incidência de impostos. O comércio ambulante, vendas de produtos, fabricação artesanal, serviços prestados a domicílio e autônomos são alguns exemplos comuns de atividades informais.

Embora a formalização de um negócio não seja obrigatória para realizar transações comerciais, registrar seu empreendimento traz inúmeras vantagens financeiras:

- **Acesso a linhas de crédito;**
- **Direito a benefícios previdenciários, como aposentadoria, auxílio-doença, salário maternidade;**

- **Possibilidade de emitir notas fiscais, aumentando as chances de realizar negócios;**
- **Acesso a produtos e serviços mais baratos, entre eles, planos de saúde, internet e telefonia celular.**

Se você é uma empreendedora informal e tem vontade de formalizar seu negócio ou sonha em abrir uma empresa, mas não sabe por onde começar, uma recomendação é que busque por consultoria especializada, apoio de um profissional da área de contabilidade e, claro, capacitação. O SEBRAE é uma entidade privada que tem como objetivo promover o empreendedorismo no Brasil, oferecendo cursos, capacitação e consultorias, além de fazer parcerias com cooperativas, bancos, órgãos do governo, prefeituras, governos estaduais e federais e outras entidades.

Dependendo da sua atividade e do faturamento anual, um caminho a seguir para ter um CNPJ e se beneficiar de um regime tributário mais vantajoso e de benefícios previdenciários é se tornando um Microempreendedor Individual (MEI). Para se tornar um MEI, você precisa fazer inscrição no Portal do Empreendedor. Profissionais autônomos, como vendedores e pequenos comerciantes, entre outros, que não precisam de regulamentação para exercerem suas atividades, podem se tornar um MEI. Porém, se você é uma profissional da área de saúde (educadora física, fisioterapeuta, fonoaudióloga, psicóloga, médica, dentista, nutricionista, enfermeira, veterinária), ou engenheira, arquiteta, advogada, alguém cuja profissão é regulamentada, você não pode se tornar um MEI.

O acesso à linha de crédito e financiamento é outro importante benefício para a empreendedora que tem seu negócio registrado, podendo ser usada para comprar equipamentos e matéria-prima, expandir o negócio, pagar salários e fornecedores. Sem falar que as taxas de juros para empréstimos tendem a ser mais baixas e vantajosas para pessoa jurídica do que para pessoa física. E ter recursos para fomentar o seu negócio é imprescindível para que ele seja lucrativo e sustentável.

ANTES DE TUDO, APRENDA A EMPREENDER-SE

No começo da minha carreira, durante um curso de aperfeiçoamento ministrado por um profissional renomado na minha área de atuação, ouvi um conselho sobre a importância de empreender-se, de aprender a se vender. Resolvi colocá-lo em prática. E os resultados foram aparecendo, mesmo atuando em um ambiente e em uma área que na época eram dominados por profissionais do sexo masculino. Aliás, acredito que esta foi a melhor experiência profissional que tive. Um ambiente corporativo heterogêneo, com variadas visões de mundo e formas de lidar com o trabalho, permite muito mais trocas de experiências e crescimento do que um ambiente uniforme.

E o que estou querendo dizer com aprender a empreender-se? É comum profissionais começarem suas carreiras trabalhando para uma empresa, até porque os currículos da esmagadora maioria de escolas e universidades não contemplam disciplinas e conteúdos que estimulam o empreendedorismo. Como resultado, acabam por não adquirirem habilidades e competências comuns entre os empreendedores, tais como autoconfiança, proatividade, persistência, resiliência, liderança, boa comunicação, educação financeira, aprendizado contínuo, boa rede de contatos (*networking*), entre outras.

Tornar-se referência na sua área de atuação e buscar conhecimentos sobre gestão de negócios são imprescindíveis para ter sucesso num empreendimento. Mas desenvolver habilidades comportamentais e competências complementares, especialmente a educação do comportamento financeiro, é o que irá permitir a sustentabilidade financeira da sua empresa.

Nós, mulheres, por comportamentos relacionados à natureza feminina ou aprendidos socialmente, somos desapegadas demais quando o assunto é dinheiro. Enquanto homens relacionam o dinheiro com o poder e se sentem felizes com os seus ganhos, mulheres tendem a tratá-lo como um meio para atingir seus objetivos e os de suas famílias. Há até uma frase atribuída à estilista francesa Coco Chanel, que uso muito em minhas palestras para o público feminino, e que diz o seguinte: "O dinheiro nunca significou muito para mim, mas a independência (conseguida com ele), muito".

Durante toda minha trajetória profissional, sempre busquei desenvolver competências e habilidades para tornar-me uma profissional diferenciada em meu meio. Mas adivinha em qual delas, inicialmente, tive mais dificuldade? Se você pensou na valorização financeira do meu trabalho, acertou. E isso mesmo sempre tendo gostado de lidar com o dinheiro. Parece ironia, não é verdade? Porém, mais de duas décadas trabalhando com o público feminino e tentando entender melhor seu comportamento em relação ao dinheiro, percebi que isto é algo bastante comum entre as mulheres. É como se a nossa preocupação se resumisse em tentar provar a nossa capacidade, o nosso valor. E com isto não damos tanta importância para um indicador fundamental do sucesso de um profissional ou de uma empresa: os ganhos financeiros.

Sendo assim, gostaria de sugerir algumas atitudes para você se valorizar, vender bem e melhor e aumentar os seus ganhos financeiros:

- **Aprenda a desenvolver sua marca pessoal.** Quais as características e os valores que diferenciam você dos demais profissionais da sua área, dos seus concorrentes? Este diferencial competitivo irá determinar o quanto você poderá cobrar pelo seu trabalho.

- **Não subestime o valor do seu trabalho.** Se você não se valorizar, quem o fará? Não tenha medo de cobrar um valor justo pelo que faz.

- **Não espere que os outros lhe deem o que você quer.** Seja ousada, proativa. Não tenha medo de apresentar suas ideias, seu projeto, seu plano de negócio. Arriscar faz parte do jogo. E é correndo alguns riscos – calculados, claro –, que obtemos ganhos financeiros.

- **Não limite suas possibilidades.** A falta de autoconfiança e a baixa autoestima limita possibilidades em várias áreas da vida. Aprenda a reconhecer suas qualidades, suas conquistas e seu potencial profissional, que os resultados financeiros começarão a aparecer.

- **Não negue a importância do dinheiro.** Trabalhar com algo que a gente gosta é gratificante. Mas o salário, o lucro e os ganhos financeiros significam o valor atribuído ao nosso trabalho. Quando muito jovens, tendemos a ser mais desprendidas do dinheiro. Com o passar dos anos, vamos percebendo a importância de sermos livres financeiramente, de termos reserva financeira para situações emergenciais, de podermos pagar um bom plano de saúde para nossos pais idosos, de termos uma aposentadoria complementar. Lembre-se sempre disto: o dinheiro pode não comprar felicidade, mas ele proporciona coisas caras na vida, como tempo, liberdade e poder de escolhas.

A IMPORTÂNCIA DA REDE DE APOIO

Você já deve ter ouvido aquela famosa frase: "Você é a média das cinco pessoas com quem mais convive". Em outras palavras, as pessoas que estão ao nosso redor têm uma forte influência no nosso modo de pensar, sentir e agir. Por isso, devemos escolher cuidadosamente as companhias com as quais passamos nosso tempo. Então, quem são as pessoas e organizações que você tem conectadas ao seu negócio?

O *networking* tem despontado como uma ferramenta estratégica importante para expandir a rede de contatos, inspirar, motivar, trocar informações e experiências, fazer parcerias, criar oportunidades de negócio, aumentar a visibilidade.

Em uma palestra ministrada por um dos maiores empresários do Brasil e gestor de empresas de diversos segmentos, Ernesto Haberkorn, durante um evento da Associação Brasileira de Profissionais de Educação Financeira (ABEFIN), ele disse uma frase mais ou menos assim: "as redes sociais são uma espécie de vitrine, mas o que fecha negócio é uma troca de cartão e um aperto de mão".

As redes sociais são extremamente atraentes e, por terem um enorme alcance, podem trazer uma série de oportunidades para o seu negócio. Mas não podemos nos esquecer do poder da comunicação face a face. Ela fortalece as relações pessoais, pois permite linguagem não verbal, como expressão facial e corporal, tons de voz e pausas, emoções. Por isso, é importante que você, empreendedora, saiba equilibrar o digital com o presencial.

Em relação às interações face a face, há várias formas de se fazê-las. Participar de eventos – *workshops*, congressos, seminários, feiras – é uma excelente oportunidade para conectar pessoas, trocar experiências, construir relacionamentos e parcerias, fechar negócios. Sem falar no aprendizado, ideias e *insights* que são gerados.

Grande parte das minhas ideias, soluções para problemas e inspirações surgiu a partir dessas conexões. Por isso, minha recomendação é que você reserve parte da sua agenda e do seu orçamento para investir em capacitação e em sua rede de relacionamentos.

Outra forma de ter apoio é através de instituições relacionadas ao seu negócio, tais como associações, sindicatos e cooperativas. Essas instituições podem oferecer aos seus membros serviços como assistência jurídica, convênios, capacitação, benefícios sociais, espaço para conexões e compartilhamento de ideias e de conhecimento.

Por fim, não posso deixar de mencionar a importância da rede de apoio informal, principalmente para as mulheres que têm filhos. Ela pode ser constituída por familiares, amigos, colegas de trabalho, vizinhos, comunidade. Em momentos de necessidade, como um problema de saúde ou compromisso inadiável, essas pessoas podem oferecer suporte prático e emocional.

A HIERARQUIA DAS NECESSIDADES HUMANAS E SEU NEGÓCIO

Antes de buscarmos atingir quaisquer objetivos mais elevados em nossas vidas e carreiras profissionais, precisamos primeiro priorizar nossas necessidades básicas e de sobrevivência. Vamos fazer um paralelo com um alpinista cujo objetivo é chegar ao topo de uma montanha. Para ele satisfazer o sonho de conquistar tal feito, ele precisa se preparar antes. E nessa preparação, além do condicionamento físico, ele também precisa criar estratégias para atender suas demandas fisiológicas e de segurança: alimentação, hidratação, excreção, abrigo, ajuste dos níveis decrescentes de oxigênio, mudanças na condição atmosférica.

Parece óbvio, não é verdade? Mas foi em 1943 que o psicólogo americano Abraham Maslow criou a teoria da hierarquia das necessidades humanas, também conhecida como pirâmide de Maslow. Tal conceito baseia-se na ideia de que cada ser humano, para atingir sua satisfação pessoal e profissional, tem que passar por uma escala hierárquica em que as necessidades de nível mais baixo devem ser satisfeitas antes das necessidades de nível mais alto.

A teoria das necessidades humanas tem aplicação em várias áreas e pode contribuir para sua vida pessoal, financeira e profissional. Na área financeira, por exemplo, ela a auxiliará a guiar e a priorizar seus gastos. Já no ambiente corporativo, poderá ajudar a entender as necessidades de seus colaboradores ou identificar as motivações para compra e venda de um produto. Aqui, vamos relacioná-la às questões financeiras.

A pirâmide de Maslow é dividida em cinco níveis: necessidades básicas (fisiológicas e segurança) e necessidades nos âmbitos psicológico e emocional (social, estima, autorrealização).

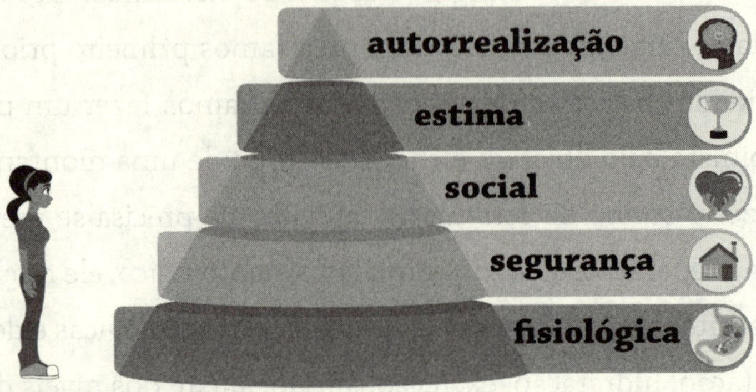

Necessidades básicas

Níveis

1- Necessidades fisiológicas: respirar, comer, beber, excretar, descansar.

2- Necessidades de segurança: corpo, saúde, emprego, prosperidade.

Aplicação nas finanças pessoais

- **Para atender suas necessidades básicas** de sobrevivência, é necessário ter renda, salário, pró-labore e/ou rendimentos suficientes para pagar suas despesas.

- **Para cumprir com suas obrigações financeiras,** ser sustentável financeiramente e poder alcançar níveis hierárquicos mais elevados, você precisa ter uma boa organização financeira. Para isto é imprescindível algum controle financeiro, seja através de planilha, aplicativo ou *planner* financeiro.

• **Viver dentro do seu padrão de rendimentos** também é primordial para alcançar metas financeiras, realizar sonhos e ter autonomia e poder de escolhas.

• **Poder prover segurança pessoal e familiar** é fundamental para o bem-estar, para a qualidade de vida e para o equilíbrio emocional, e dessa forma atingir as necessidades relacionadas ao âmbito emocional e psicológico. Algumas dessas necessidades: moradia, reserva de emergência, aposentadoria, previdência complementar, plano de saúde, auxílio doença, salário maternidade, proteção por meio de seguros.

Aplicação na empresa

• **Uma boa gestão financeira da empresa** é indispensável para traçar metas e obter sucesso no seu empreendimento e, consequentemente, alcançar a sua realização profissional. O primeiro passo é: não misturar as finanças da sua empresa com suas finanças pessoais. Para você alçar voos maiores como modernizar, expandir e abrir outras unidades, é preciso saber administrar o caixa da empresa. Isto inclui: controlar as entradas e saídas de recursos financeiros relacionados à venda, às despesas, aos pagamentos de fornecedores, aos salários, aos tributos e aos impostos, entre outros.

• **Estimular e oferecer a educação do comportamento financeiro** no ambiente corporativo ajudará o colaborador na gestão das suas finanças pessoais, pois o desequilíbrio financeiro tem forte impacto na saúde física e mental, nas relações sociais, no desempenho profissional e, consequentemente, na possibilidade de alcançar níveis hierárquicos mais elevados das necessidades humanas.

- **Plano de saúde e odontológico,** previdência complementar, vale-refeição, auxílio-creche ou estudo são benefícios não obrigatórios que uma empresa pode oferecer aos seus colaboradores com o intuito de motivar, promover a qualidade de vida, aumentar o bem-estar e a produtividade.

Necessidades no âmbito emocional, psicológico

Níveis

3- Necessidades sociais: afeto, amizade, família, comunidade, intimidade sexual.

4- Necessidades de estima: autoestima, confiança, conquista, reconhecimento profissional, *status*.

5- Necessidades de autorrealização: desenvolvimento pessoal, fazer o que gosta.

Aplicação nas finanças pessoais:

- **Manter o controle das finanças,** ter capacidade para lidar com imprevistos financeiros e criar espaço no orçamento para a realização de objetivos, propósitos e sonhos são etapas fundamentais para satisfazer nossas necessidades de estima e de realização pessoal e profissional.

Aplicação na empresa

• **O ambiente corporativo deve ser um local** que proporciona não só condições físicas e materiais para a realização do trabalho, como também um ambiente psicologicamente benéfico. Tempos de descanso adequados; autonomia na tomada de decisões; sentimento de pertencimento; acolhimento; boas relações; valorização profissional na forma de aumento salarial, de prêmios e bonificações; e planos de carreira são importantes para que o colaborador se sinta realizado, valorizado, reconhecido.

ACREDITE NO SEU POTENCIAL E INVISTA NOS SEUS SONHOS

Um sonho sem um plano é um mero desejo. O planejamento é o que transforma uma ideia em negócio. Por isso, se você sonha em empreender e tornar-se livre financeiramente, comece desde já a definir seus objetivos e metas e quais estratégias você irá utilizar para alcançá-los.

O caminho pode não ser tão fácil. A jornada da mulher empreendedora tem muitos desafios, entre eles, o de conciliar a vida profissional com a pessoal. Muitas desistem. Mas lembre-se disto: tanto grandes quanto pequenos empreendedores falharam antes de ter sucesso. Com quase três décadas trabalhando no mercado da educação, em especial com o público feminino, eu acredito muito no potencial da mulher para superar desafios, virar o jogo, surpreender, encantar e atingir as suas necessidades de estima e de autorrealização.

E a educação do comportamento financeiro é imprescindível para que sonhos sejam transformados em negócios, pois ela envolve o desenvolvimento de habilidades para lidar com o dinheiro e tomar decisões financeiras inteligentes.

Em uma entrevista para a revista Forbes, Warren Buffett, um dos maiores investidores de todos os tempos e um dos homens mais ricos do mundo, foi questionado sobre qual seria o melhor tipo de investimento. Esperava-se que ele fosse falar sobre renda variável, carteira de ações ou, então, sugerir nomes de boas empresas para investir. A resposta foi uma surpresa, resumida na seguinte frase: "Seu melhor investimento é você mesmo. Não há nada que supere isso."

Por isso, convido você, leitora, a investir de forma contínua na sua formação, no seu crescimento profissional e pessoal, nas habilidades e competências essenciais para empreender, na sua rede de relacionamentos e, sobretudo, no seu conhecimento financeiro. No início, transformar um sonho em negócio pode parecer algo distante, mas o tempo associado às pequenas mudanças diárias é o que irão levar você da base para o topo da pirâmide. E se hoje compartilho esses ensinamentos, é porque investi constantemente em mim mesma – e, principalmente, nunca desisti.

LinkedIn: **Valéria Carmanini**
Instagram: **@valeriacarmanini**

PROJETO LITERÁRIO "MEU PRIMEIRO LIVRO" ABEFIN

A ABEFIN em sua missão, dentre suas finalidades, traz a grande oportunidade de desenvolvimento de novos autores sobre o tema Educação do Comportamento Financeiro.

Já foram publicadas cinco obras contemplando mais de 50 novos autores, que tiveram a oportunidade de realizar seus sonhos ao escrever seu primeiro livro.

Com essa iniciativa, a ABEFIN cumpre com seu papel de disseminar a cultura e o letramento da Educação Financeira no Brasil e no mundo.

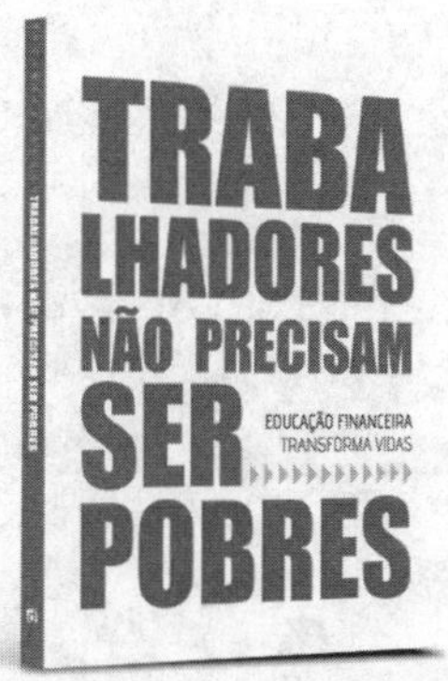

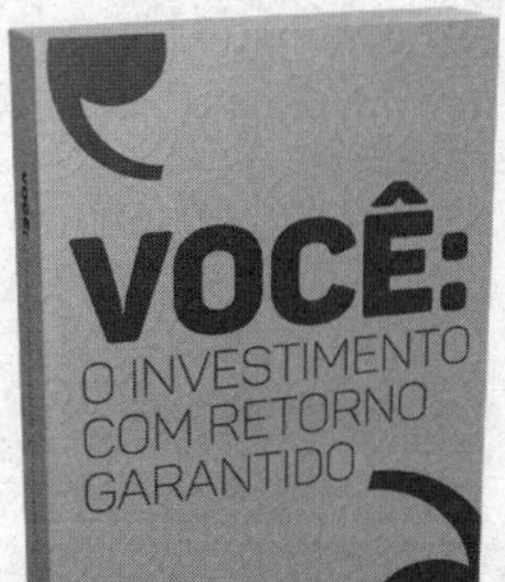

dsop editora